Les seuils
de la modernité

Collection dirigée par
Michel Jeanneret et Max Engammare

Vol. 4

(Cahiers d'Humanisme et Renaissance n° 59)

GISÈLE MATHIEU-CASTELLANI

MONTAIGNE
OU LA
VÉRITÉ DU MENSONGE

LIBRAIRIE DROZ S.A.
11, rue Massot
GENÈVE
2000

www.droz.org

T

ISBN: 2-600-00461-0
ISSN: 0071-1934

10023(1215

INTRODUCTION

LE REVERS DE LA VÉRITÉ

> Autant peut faire le sot celui qui dit vrai,
> que celui qui dit faux[1].

Et si celui qui dit faux faisait à l'occasion moins le sot que celui qui dit vrai? Ou encore si, disant faux, il lui arrivait de dire obliquement vrai? A ces questions troublantes Montaigne apporte diverses réponses subtiles; quand il s'agit d'énoncer les règles qu'entend respecter celui qui veut dessiner un auto-portrait «au vif», il présente un dossier contradictoire. Tantôt il plaide vigoureusement en faveur d'une véridicité qui n'admettrait guère d'entorses:

> Je suis affamé de me faire connaître; et ne me chaut à combien, pourvu que ce soit véritablement. (III. V. 847),

se flattant d'oser tout dire:

> Au reste, je me suis ordonné d'oser dire tout ce que j'ose faire, et me déplais des pensées mêmes impubliables. (*ibid.* 845).

Tantôt il présente quelque réserve:

> Je dis vrai, non pas tout mon saoul, mais autant que je l'ose dire. (III. II. 806),

se ménageant l'abri du silence:

> Il ne faut pas toujours dire tout, car ce serait sottise; mais ce qu'on dit, il faut qu'il faut tel qu'on le pense, autrement c'est méchanceté. (II. XVII. 648).

---

[1] Montaigne, *Les Essais*, éd. Villey-Saulnier, PUF, 1965, III. VIII, p. 928. Toutes les références renvoient à cette édition (on a modernisé l'orthographe): les chiffres romains indiquent le livre, puis le chapitre, le chiffre arabe la page; la lettre C indique une addition manuscrite postérieure à l'édition de 1588 portée sur l'exemplaire de Bordeaux.

Tantôt il justifie le droit au secret, redoutant la mise à nu sous le regard du grand juge:

> Utile décence de notre virginale pudeur, si elle lui pouvait interdire cette découverte. (III. V. 888)

En dehors même de ces zones de risque où la volonté d'oser dire, d'oser dire *tout*, rencontre de légitimes réticences, où la règle librement consentie se heurte au devoir de réserve, où l'obligation devient contrainte insupportable, d'autres silences, d'autres omissions, ne manquent pas d'attirer l'attention; et le régime de la feinte et du déguisement marque plusieurs déclarations ou postures que le seul souci de préserver son intimité ne saurait justifier. Reconnaissant quelque obligation particulière à ne dire qu'à demi, Montaigne se borne à l'aveu sans donner le moindre commentaire sur la nature de cette contrainte, sur sa portée.

Il ne s'agira pas de traquer les mensonges de Montaigne, ni de dénoncer sa mauvaise foi[2], mais plutôt de s'interroger sur les voies obliques qu'emprunte la véridicité affichée, en acceptant de considérer que le mensonge parfois dit vrai, que l'omission souvent en dit plus que l'aveu, que la dissimulation éclaire ce qu'elle tente de couvrir.

Le statut du couple mensonge-vérité est en effet singulièrement complexe dans l'épistémologie des *Essais*, et dans le rationalisme sceptique qui la fonde; si la recherche de la vérité anime le philosophe et l'homme, si l'anthropologie mise en œuvre ici[3] se donne pour objet la connaissance de l'homme «réel», le postulat initial déclare que «nous n'avons aucune communication à l'être», que «C'est folie de rapporter le vrai et le faux à notre suffisance» comme le déclare le titre-sentence d'un chapitre (I.XXVII), et que la raison montre l'impuissance de la raison; aussi convient-il de toujours quêter la vérité, tout en sachant qu'elle est hors de notre portée:

> L'agitation et la chasse est proprement de notre gibier: nous ne sommes pas excusables de la conduire mal et impertinemment; de faillir à la prise, c'est autre chose. Car nous sommes nés à quêter la vérité; il appartient de la posséder à une plus grande puissance. (III. VIII. 928)

---

[2]   Pour une mise en question de la mauvaise foi de Montaigne, voir Y. Delègue, *Montaigne et la mauvaise foi. L'écriture de la vérité*, Champion, 1998.

[3]   *Ici*, dans l'idiolecte de l'œuvre, renvoie au texte des *Essais*; par ex.: «Que sont-ce ici aussi, à la vérité, que grotesques et corps monstrueux...?» (I. XXVIII. 183)

Le premier chapitre, «Mentir de bonne foi», s'attachera à cette relation si particulière qui s'instaure ici entre vérité et mensonge. Car en tous domaines la recherche de la vérité est «délicate» (II. X. 418), dit le philosophe sceptique, qui déclare d'ailleurs ne pas faire «profession de savoir la vérité, et d'y atteindre» (II. XII. 501). Et il conduit la raison à critiquer la raison, passant toute opinion au crible du doute systématique, s'attachant à réfuter les erreurs des sens et du jugement. Mais si parfois l'erreur, la tromperie se révélaient nécessaires pour corriger l'erreur, la tromperie? Se souvenant d'un conseil paradoxal de Quintilien, porté lui aussi par un postulat sceptique cicéronien[4]:

> *Imperiti enim judicant, et qui frequenter in hoc ipsum fallendi sunt, ne errent.* (*Institution Oratoire*, II.XVII. 27). / Car ceux qui jugent sont mal informés, et il convient souvent de les tromper dans ce but même, à savoir pour qu'ils ne commettent pas d'erreur,

Montaigne, avant de le citer, ne craint pas d'affirmer, en détachant l'observation de son contexte oratoire:

> La vérité a ses empêchements, incommodités et incompatibilités avec nous. Il nous faut souvent tromper afin que nous ne nous trompons, et siller notre vue, étourdir notre entendement pour les dresser et amender... (III.X. 1006)

Voilà justifiées, au nom même de la vérité, l'erreur volontaire, la tromperie! La citation latine est évidemment détournée; elle semble appuyer la critique des «règles et préceptes du monde», et servir d'exemple à une conception élitiste de la vérité:

> J'estime qu'au temple de Pallas /.../il y avait des mystères apparents pour être montrés au peuple, et d'autres mystères plus secrets et plus hauts, pour être montrés seulement à ceux qui en étaient profés.

Une même ambiguïté marque l'attitude à l'égard des croyances, comme tentera de le montrer le deuxième chapitre, «Les témoignages fabuleux, comme les vrais...». Le philosophe se méfie de la crédulité naïve et des folles imaginations du vulgaire; mais si parfois le fabuleux disait de l'humaine capacité ce que le témoignage

---

[4] Cicéron pose en effet que puisque l'homme n'est pas soumis – hélas! – à la juridiction de la vérité, mais à l'ébranlement de ses nerfs et aux impulsions de ses passions, il convient que l'orateur ne s'adresse pas à la raison de l'auditeur, mais à ses affections, de manière à mener les juges à sa guise, là où il veut (*quo velit*). Quintilien observe de même dans la phrase suivante que si les juges étaient des sages, l'éloquence n'aurait plus qu'un rôle minime.

authentique ne saurait dire ? Et voici par exemple qu'un chapitre, *De la force de l'imagination*, d'abord simple collection d'anecdotes montrant l'emprise de l'erreur sur les esprits faibles, s'achève par une méditation singulière sur le vrai, le vraisemblable, le possible, où l'utile se trouve privilégié par rapport à l'authentique.

S'il n'est pas nouveau aux sages «de prêcher les choses comme elles servent, non comme elles sont» (III. X.1006), si le critère de la philosophie morale est le profit, l'utile, quel est au juste le statut éthique de la vérité ?

L'ardent amour de la vérité, proclamé ici :

> Je festoie et caresse la vérité en quelque main que je la trouve, et m'y rends allègrement, et lui tends mes armes vaincues, de loin que je la vois approcher (III. VIII. 924)

ne le cède-t-il pas çà et là à des stratégies de ruse ou d'esquive ?

Dans ce jeu de pistes où le lecteur est si souvent pris au piège du séducteur, il est en effet un aspect du discours que l'on ne saurait négliger, sa tactique d'égarement, ce que l'ami Pasquier nomme plaisamment une «forme de guet-apens»[5]. On sait que les titres des chapitres répondent souvent à cette volonté de piquer la curiosité et de la décevoir avant, peut-être, de la satisfaire :

> Les noms de mes chapitres n'en embrassent pas toujours la matière; souvent ils la dénotent seulement par quelque marque... (III.IX. 994).

On sait aussi que l'allure à sauts et à gambades se présente comme un moyen de faire errer le lecteur sans paraître le guider fermement :

> Mes fantaisies se suivent, mais parfois c'est de loin, et se regardent, mais d'une vue oblique,

tout en l'invitant à ne pas «perdre/ *son* / sujet»; à ne pas se fier à l'apparente discontinuité d'un discours, qui se modèle sur l'allure capricieuse des dialogues platoniciens, toujours ouverts à la digression et à la contradiction, toujours pourtant en quête de vérité :

> Ils ne craignent point ces muances, et ont une merveilleuse grâce à se laisser ainsi rouler au vent, *ou à le sembler. (ibid.* 994; je souligne)

---

5   E. Pasquier, Lettre à M. de Pelgé, in *Essais*, éd. cit., p. 1207.

Si le chapitre *De la force de l'imagination* répond à son titre dans son premier état, il semble d'abord imposer un protocole de lecture, pour le récuser ensuite: voici que se renversent *in fine* la thématique et le propos initial, nous plongeant dans l'embarras. Voici qu'est soudain mise en doute «la vérité des histoires» que l'on vient de lire, et que nous est suggérée l'idée dérangeante que la vérité est ailleurs que dans cette vérité-là. Superbe tour d'escrime, qui pourrait emblématiser le jeu subtil auquel se livrent la vérité et l'erreur dans les *Essais*:

> les témoignages fabuleux (...) y servent comme les vrais... (I. XXI.105)

La vérité et l'erreur, la vérité et le mensonge, la vérité et la fable, ne cessent d'entretenir une relation dialectique, et tandis que certaine vérité comporte sa part de mensonge, certain mensonge revendique sa part de vérité. Le mensonge a plusieurs figures, dit le philosophe sceptique:

> Si, comme la vérité, le mensonge n'avait qu'un visage, nous serions en meilleurs termes. Car nous prendrions pour certain l'opposé de ce qui dirait le menteur. Mais le revers de la vérité a cent mille figures et un champ indéfini. (I. IX. 37)

Mais si la vérité avait elle-même plusieurs visages? Et comment oser établir les limites du mensonge et de la vérité?

> Car après que, selon votre bel entendement, vous avez établi les limites de la vérité et de la mensonge, et qu'il se trouve que vous avez nécessairement à croire des choses où il y a encore plus d'étrangeté qu'en ce que vous niez, vous vous êtes déjà obligé de les abandonner. (I. XXVII. 181)

En s'attachant au «dire oblique», le chapitre suivant abordera la question de l'écriture allusive des *Essais*. Car l'esthétique et la poétique disent aussi, disent autrement, quel jeu subtil se joue entre déclaration et dissimulation:

> Celui qui dit tout, il nous saoule et nous dégoûte; celui qui craint à s'exprimer nous achemine à en penser plus qu'il n'en y a... (III. V. 880)

La poésie érotique figure avantageusement ce modèle idéal d'expression qui découvre ce qu'il couvre:

> Les vers de ces deux poètes / *Virgile et Lucrèce* /, traitant ainsi réservéement et discrètement de la lasciveté comme ils font, me semblent la découvrir et éclairer de plus près (...) Et l'action et la peinture doivent sentir le larcin. *(ibid.)*

L'écriture de l'essai, prise entre la volonté de dire tout et l'exigence intime de réserve et de discrétion, couvre aussi pour découvrir. Car le contrat de véridicité que signe celui qui décide de se dire, de s'écrire, jurant solennellement de dire toute la vérité, d'oser dire tout ce qu'il ose faire, se déplaisant des pensées mêmes impubliables, se heurte bien vite à quelque difficulté. Difficile de se connaître, certes :

> C'est une épineuse entreprise, et plus qu'il ne semble, de suivre une allure si vagabonde que celle de notre esprit; de pénétrer les profondeurs opaques de ses replis internes/.../ Il n'est description pareille en difficulté à la description de soi-même, ni certes en utilité. (II. VI. 378).

Mais plus encore difficile de dire ce qui est ainsi découvert :

> Joint qu'à l'aventure ai-je quelque obligation particulière à ne dire qu'à demi, à dire confusément, à dire discordamment. (III. IX.996)

Cette confession tardive, oblique comme l'oracle d'Apollon, sans préciser la nature de l'obligation particulière, corrige certaines déclarations audacieusement provocantes, comme celles de l'avis *Au Lecteur*, et semble ménager une zone de silence éloquent, une sphère d'intimité exigeant le secret.

Il arrive en effet que la vérité soit «trop chère et incommode» lorsqu'il faut la payer au prix du déplaisir. Ce qui est dit de ces «opinions si fines» commandées par «cette raison trouble fête», vaut aussi, n'en doutons pas, pour cette «vérité» que l'auto-analyse découvre. Mais il reste la voie oblique :

> Tant y a qu'en ces mémoires, si on y regarde, on trouvera que j'ai tout dit, ou tout désigné. Ce que je ne puis exprimer, je le montre au doigt. (III.IX.983)

En cet aveu d'une grande lucidité – je ne dis pas tout, je me borne parfois à désigner ce que je ne puis dire explicitement, je le dénote par quelque marque –, se déclare la stratégie de nécessaire dissimulation, confiée à la figure de l'allusion, qui dit plus que ce que disent les mots, qui signifie plus qu'elle ne dit. Et le petit doigt entre en scène, pour montrer ce qu'une parole entrouverte ne peut dire qu'à demi.

Pris entre principe de plaisir et principe de réalité, l'écrivain choisit de cheminer sur une route tortueuse où vérité et erreur attirent également. On sera sensible à ce double jeu où se plaît celui qui s'emploie «à faire valoir la vanité même et l'ânerie si elle / *lui* / apporte *du plaisir*» (III. IX.996), et en particulier à cette tactique de dévalorisation et de dévaluation – de moi, ce «particulier bien mal

formé» (III. II. p. 804), de mon dessein, «farouche et extravagant»
(I.VIII. p. 385), de mon livre –, qui doit évidemment conduire à la
revalorisation et à la réévaluation de l'entreprise et de ses apports
originaux. Ainsi en va-t-il dès le seuil des *Essais*, dès l'impertinent
avis *Au lecteur*; c'est un chef d'œuvre de mauvaise foi, certes, lorsqu'il prétend en particulier écarter le lecteur et n'appeler que le
regard des parents et amis, et Malebranche avait beau jeu de la
mettre en lumière:

> Ainsi on est obligé de croire, ou qu'il n'a pas dit ce qu'il pensait, ou qu'il
> n'a pas fait ce qu'il devait,

faisant observer qu'il s'agissait là d'une «plaisante excuse de sa vanité»:

> Car si cela eût été, pourquoi en eût-il fait trois impressions? Une seule
> ne suffisait-elle pas pour ses parents et pour ses amis?[6]

Mais dans ses «mensonges» mêmes et ses ruses, l'avis dit quelque chose de l'idéal de l'essai, et de la nature du contact recherché
avec ses lecteurs, un contact amical, voire amoureux.

Ainsi en va-t-il encore de la stratégie singulière qui fait l'objet du
quatrième chapitre, «Le geste de dévalorisation»: les divers modèles
de représentation de l'essai que Montaigne propose ne sont-ils pas
tous dérisoires, bas, rabaissants, voire humiliants? Des herbes folles,
des amas et pièces de chair informes, des grotesques et monstres
fantasques, des songes et délires, des excréments... Tous déclarent
pourtant, en fin de compte, avec la plus grande exactitude, la matière
et la manière des *Essais*, qui entendent métamorphoser le vil en précieux, la non-valeur en valeur, le déchet en or. Si Montaigne ne ment
pas, il feint: il feint de déconsidérer les divers comparants de l'essai,
emblèmes du rebut pour la doxa, mais aussi pour une esthétique
«classique», celle d'Horace, celle de Ronsard. Cependant la feinte
ne saurait abuser le lecteur souhaité, le lecteur diligent, qui saura
bien découvrir s'il est un peu ingénieux[7], sous le voile des images
rabaissantes l'exacte description de l'objet singulier, de son argument, et de son écriture.

Il restera encore à interroger ce qui n'est pas exactement de
l'ordre du mensonge, de la dissimulation, de la feinte, mais qui

---

6 Malebranche, *Recherche de la vérité* (1674), livre II, *De l'imagination* (chap. V,
   3e partie), extraits donnés par Villey, éd. cit. des *Essais*, Appendice II, p. 1218.
7 Montaigne plaide en effet pour une lecture *ingénieuse*, qui sache découvrir «cent
   choses que tel n'y a pas lues /.../ et, à l'aventure, outre ce que l'auteur y avait
   mis» (I. XXVI.156).

pourrait sembler une espèce d'imposture, ou «une forme de guet-apens» – et c'est à quoi s'attachera le chapitre suivant, «Un parler simple et naïf»: la revendication d'un parler naturel, tel sur le papier qu'à la bouche, d'une écriture naïve, seule capable de dire la forme naïve de l'individu, le rêve d'une forme idéale qui naturaliserait l'artifice.Certes Montaigne n'écrit pas comme il dit, et peut-être comme il croit, qu'il écrit; et l'écriture des *Essais*, même là où elle mime l'allure d'une conversation familière, et tente de «naturaliser» le langage, recourt encore évidemment à l'art et à l'artifice. Cependant cet argument, dont on pourrait malicieusement dire qu'il ressortit seulement à une stratégie publicitaire, renvoie à un idéal du style. L'«erreur» est *felix culpa:* elle porte un désir qui, même s'il n'est pas réalisé – il s'en faut de beaucoup! – dit pourtant quelque chose, comme le témoignage fabuleux, de l'humaine capacité, et que l'ombre profite comme le corps. Il faut parfois lâcher la proie pour l'ombre!

Ne pas tout dire, est-ce mentir? Certes celui qui se flatte d'oser dire tout, mais qui reconnaît qu'il dit vrai seulement autant qu'il l'ose dire, rencontre en cours de route bien des obstacles. La mise à nu ne risque pas seulement d'effaroucher la décence, et la révérence publique n'est pas seule à l'interdire: il faut encore se mesurer avec les résistances internes, combien plus fortes, qui répugnent au déshabillage. Parodiant la formule mémorisée: «et que le Gascon y arrive, si le Français n'y peut aller» (I. XXVI. 171), on dira volontiers «et que le latin y arrive, si le français n'y peut aller!» L'aveu se fait obliquement, en effet, dans *Sur des vers de Virgile*, par le recours aux vers latins[8]. Mais ce qui ne saurait surprendre lorsqu'il s'agit de se mettre à nu sous le regard des autres ou de l'Autre, du grand Autre, peut étonner ailleurs. A côté du mensonge, de la feinte, de la dissimulation, de l'omission, voici encore les prétextes, le déguisement des motifs: une remarquable éviction, celle des œuvres de l'ami La Boétie, pose question, comme le montrera le sixième chapitre, «Le cénotaphe de La Boétie». Le *Discours de la servitude volontaire*, le *Mémoire sur l'édit de janvier*, mais aussi les poèmes d'abord publiés, puis écartés au motif que «ces vers se voient ailleurs», sont l'objet d'un traitement bien singulier. Et les raisons invoquées risquent de ne guère convaincre. De surcroît, même si l'on admet les justifications avancées pour ne pas publier des écrits dangereux, on pourra

---

[8]   Comme l'a montré Floyd Gray, *Montaigne bilingue: le latin des Essais*, Champion, 1991.

raisonnablement s'interroger sur l'absence de références à des textes bien connus, surtout là où l'emprunt est manifeste... Si les *Essais* construisent le tombeau de l'ami, c'est un cénotaphe!

D'un autre côté, certaines stratégies de dissimulation ne manquent pas d'attirer l'attention, en particulier lorsque l'essayiste entend marquer la nouveauté de son projet, et affirmer la singularité d'un livre, «seul livre au monde de son espèce». Il lui faut bien alors écarter la référence à ce qui est le plus ressemblant. On ne peut pas ne pas remarquer l'absence d'un prestigieux modèle, si important pourtant à l'horizon d'une littérature de l'aveu: les *Confessions* de saint Augustin, qui ne sont jamais ni citées ni alléguées, étaient-elles inconnues de Montaigne comme il le laisse entendre, du Montaigne qui entend pourtant, comme l'évêque, se confesser en public? Cette omission singulière mérite qu'on s'y arrête, car on croit pouvoir constater la présence du texte dans les *Essais*, et qu'on essaie, sinon de justifier, au moins de comprendre les raisons d'un tel silence: c'est à quoi s'emploiera le chapitre suivant, «Absence et présence des *Confessions*»...

Un autre «modèle» incite encore à «déplumer» Montaigne, comme il y invite avec insolence le lecteur. On sait le vibrant éloge qu'il fait de Plutarque, et d'Amyot, de Plutarque depuis qu'il est français, de Plutarque-Amyot[9]. Et les références explicites, ici, ne sont pas rares. Mais reconnaît-il avec exactitude sa dette? On peut en douter! A la fin de l'*Apologie*, telle longue réécriture – un véritable plagiat! – de plusieurs pages du traité *L'E de Delphes* traduit par Amyot[10] *Que signifioit ce mot* εἰ avoue une source, mais sans que Montaigne dise où commençait l'emprunt de cette «conclusion si religieuse», sans qu'il précise le titre du traité, ni même le nom de l'auteur, désigné par la vague antonomase, «un homme païen». On mettra cette omission sur le compte de la malice, et on y verra si l'on veut une petite énigme soumise à la sagacité du lecteur, comme dans le cas de l'emprunt suivant, un mot «d'un témoin de même condition», où il faut reconnaître Sénèque! Mais comment passer sous silence ce modèle qu'a constitué pour l'essai le genre de la Vie, tel qu'il est défini avec une admirable intelligence par Amyot dans la préface de sa traduction des *Vies* de Plutarque? Si Montaigne

---

[9] Sur l'importance de Plutarque, voir notamment H. Friedrich, *Montaigne*, Gallimard, 1968, p. 82-93; et le chapitre «Les dépouilles de Plutarque» dans mon livre *Montaigne. L'écriture de l'essai*, PUF, 1988, p. 63-89.

[10] *Œuvres Mêlées de Plutarque, Traduites du grec par Amyot*, éd. Brotier et Vauvilliers, révisée par Clavier, Paris, Imprimerie de Cussac, an XI (1803), tome 19, p. 53.

souligne ce qui distingue l'essai de l'histoire commune, il ne dit rien de ce qui le rapproche de la Vie, ni de ce qui l'en différencie. Certes, Montaigne assure que son livre est «maçonné purement par les dépouilles» de Plutarque (et de Sénèque), mais si l'essai, il est vrai, s'écrit aussi contre l'histoire, et si «écrire *ma* vie» est un geste bien différent de celui qui consiste à «écrire *les vies*», il se garde de mettre en lumière ce qui l'en rapproche, ce qui le rapproche de cette sorte d'histoire appelée Vie, attachée selon Amyot au «dedans», non au «dehors», aux «conseils», non aux événements ou aux «choses».

La poétique des *Essais* revendique d'ailleurs, non sans impertinence, une bien séduisante impertinence, le droit à la dissimulation des marques:

> Qu'on voit, en ce que j'emprunte, si j'ai su choisir de quoi rehausser mon propos. Car je fais dire aux autres ce que je ne puis si bien dire, tantôt par faiblesse de mon langage, tantôt par faiblesse de mon sens./.../ Es raisons et inventions que je transplante en mon solage et confonds aux miennes, j'ai à escient omis parfois d'en marquer l'auteur /.../ Je veux qu'ils donnent une nasarde à Plutarque sur mon nez, et qu'ils s'échaudent à injurier Sénèque en moi. (II. X. 408).

Théorisant ainsi l'oblitération des références, en combinant astucieusement l'*excusatio propter infirmitatem* dont nul n'est dupe, et l'arrière-pensée polémique, Montaigne peut s'avancer masqué. Le philosophe ose dire: «La vérité et la raison sont communes à chacun, et ne sont non plus à qui les a dites premièrement, qu'à qui les dit après» (I. XXVI. 152); et il précise même dans une addition: «Ce n'est non plus selon Platon que selon moi, puisque lui et moi l'entendons et voyons de même»: est-ce raison pour ne pas s'acquitter de ses dettes? Démasquer certains emprunts, comme on s'y essaiera dans l'ultime chapitre («Des marques aux masques»), ce n'est pas seulement attirer l'attention sur ce texte-palimpseste qu'est l'essai, mais aussi mettre au jour le travail de l'écriture, l'opération de métamorphose qui s'y joue, lorsque le «voleur de mots» selon l'heureuse expression de M. Schneider fait son texte, un texte tout sien, avec celui des autres: «Je ne dis les autres, sinon pour d'autant plus me dire». Ainsi en va-t-il encore, par exemple, avec l'intertexte rhétorique, tantôt exhibé, tantôt masqué, lorsque sa réécriture est re-création, lorsque l'héritage rhétorique, ruminé et resitué, devient une semence de la poétique de l'essai et de son esthétique.

Dans le parcours que tracent les *Essais*, privilégiant l'errance, puisqu'il conduit de l'éthique à l'esthétique, de la philosophie à l'auto-analyse, de la critique à la création d'une forme, on voudrait mettre en lumière une fois de plus la subtilité d'une écriture dérou-

tante, la salubre insolence d'un monstre qui se montre[11], les divers
visages d'un texte métamorphique qui continue à poser question,
l'écrivain sachant bien que certaines questions, les bonnes questions, importent plus que les réponses:

> Ils commencent ordinairement ainsi: Comment est-ce que cela se fait?
> – Mais se fait-il? faudrait-il dire. (III. XI.1027)

Ce livre étonnant n'est pas de bonne foi: ce n'est pourtant point
raison, quoi qu'en dise l'avis *Au Lecteur*, que nous n'employions
notre loisir en un sujet qui n'est ni si frivole ni si vain.

Certaines de ces analyses reprennent en partie un premier état de la réflexion
proposée ailleurs: «Les *Confessions* de Saint Augustin dans les *Essais*» (Colloque
de Glasgow, 1997); «Mentir de bonne foi» (Premier Colloque des Franco-roma-
nistes, Mayence, 1998); «Simplement ou naïvement écrire: la question du style au
XVIe s. en France», *Rivista di Letterature moderne e comparate,* Vol. III fasc.3,
1999; «L'étrange vie posthume d'Etienne de la Boétie» (Colloque de Duke, 1999).

---

[11] Les humanistes de la Renaissance semblent hésiter entre deux étymologies du mot
monstrum, qui viendrait soit de *monstrare* (montrer), soit de *monere* (avertir).

CHAPITRE PREMIER

MENTIR DE BONNE FOI

Avant même qu'une accusation de mensonge portée contre un Président américain donne lieu à un ahurissant débat-déballage en l'été 1998, on avait eu naguère la surprise d'entendre un homme d'affaires français (hors normes) égaré en politique répondre à ses juges, alors qu'il était convaincu de faux témoignage: «J'ai menti de bonne foi!». Si l'on en croit les grammairiens allégués par Montaigne dans le singulier chapitre *Des menteurs*, il eût été plus habile de déclarer: «J'ai dit mensonge de bonne foi!»:

> Je sais bien que les grammairiens font différence entre dire mensonge, et mentir: et disent, que dire mensonge, c'est dire chose fausse, mais qu'on a pris(e) pour vraie, et que la définition du mot de mentir en Latin, d'où notre Français est parti, porte autant comme aller contre sa conscience, et que par conséquent cela ne touche que ceux qui disent contre ce qu'ils savent, desquels je parle. (I. IX.35)

Cette allégation ne manque d'ailleurs pas d'éveiller quelque soupçon; le psychologue-moraliste qui dénonce ce «maudit vice»:

> En vérité le mentir est un maudit vice (36),

et se défend vigoureusement de mentir, mettant sur le compte d'un défaut naturel, les défaillances de sa mémoire, ce qu'on lui impute comme défaut de conscience, ne justifierait-il pas ici, sous couleur d'une mise au point philologique et d'une réflexion d'ordre général, une subtile stratégie personnelle du mensonge par ignorance, du mensonge de bonne foi? *Les Essais* ne seraient-ils pas, bien avant le roman d'Aragon, un chef d'œuvre du mentir vrai?

La sévère critique du mensonge, dans la bouche du philosophe moral qui plaide éloquemment pour le respect de la parole, et qui condamnerait volontiers au bûcher les menteurs, frappe d'abord par la violente passion qui anime ce justicier:

> Si nous en connaissions l'horreur et le poids, nous le poursuivrions à feu plus justement que d'autres crimes. Je trouve qu'on s'amuse ordinairement à châtier aux enfants des erreurs innocentes très mal à propos, et

qu'on les tourmente pour des actions téméraires qui n'ont ni impression ni suite. La menterie seule et, un peu au-dessous, l'opiniâtreté me semblent être celles desquelles on devrait à toute instance combattre la naissance et le progrès. *(ibid.)*

Mais elle a pour envers ici même une méditation plus nuancée sur les rapports entre vérité et mensonge, où parle alors le philosophe sceptique. Dans ce chapitre qui double de volume après 1580, les additions concernent d'abord le cas de l'essayiste lui-même, s'étendant longuement sur son défaut de mémoire, et en tirant argument pour démontrer *qu'il ne peut* mentir, comme s'il fallait convaincre le lecteur de l'absolue véridicité du témoignage qu'apportent les *Essais* sur leur auteur; elles engagent ensuite une réflexion sceptique dans une longue séquence où à l'opposition conventionnelle de la vérité et du mensonge, se substitue une distinction plus fine entre le visage un de la vérité et les mille figures des mensonges:

Si, comme la vérité, le mensonge n'avait qu'un visage, nous serions en meilleurs termes/.../.Mais le revers de la vérité a cent mille figures et un champ indéfini. (37).

Les additions transforment ainsi un essai sur mémoire et mensonge où domine l'anecdote en plaidoyer *pro domo*, à la fois justification destinée à rectifier le sévère jugement porté par *on*, ou *ils*, ceux qui «me font tort», «me reprennent et mécroient», et apologie oblique des *Essais*, ce livre qui ne saurait mentir:

Qu'on se contente de ma misère, sans en faire une espèce de malice, et de la malice autant ennemie de mon humeur. (34)

Voilà qui pourrait nous inciter à nous interroger sur le statut de ce «livre de bonne foi», qui pourrait aussi bien être à l'occasion un livre de mauvaise foi, précisément dans la mesure où il revendique la bonne foi. Et à examiner de plus près la stratégie du mensonge dans les *Essais*, ces zones troubles où le mensonge, sous les formes de l'oubli ou de l'omission, répond sans doute à une impérieuse nécessité, dont il conviendrait de préciser la nature. Peut-être verrait-on ainsi apparaître une vérité du mensonge, ou, du moins, une autre façon de dire vrai en disant mensonge.

LES MILLE FIGURES DU MENSONGE

Le chapitre *Des menteurs* présente, comme le mensonge, plusieurs visages. L'horreur du mensonge, qui entraîne une condamnation qu'on pourra juger excessivement sévère – et de la part du pédagogue, si soucieux ailleurs de ne pas châtier sévèrement les enfants, et de la part de l'humaniste, ennemi de toute cruauté en la peine de mort –, s'allie à la revendication d'absolue franchise et de véridicité, si souvent proclamée ici et ailleurs:

> Mon âme, de sa complexion, refuit la menterie et hait même à la penser.
> (...) Qui est déloyal envers la vérité l'est aussi envers le mensonge (II.
> XVII.648)[1],

mais pourtant parfois nuancée, par exemple à l'occasion de l'auto-portrait marqué par la rhétorique des contrariétés:

> Honteux, insolent; bavard, taciturne; /.../ menteur, véritable... (II. I. 335).

Ces déclarations se détachent cependant sur un fonds plus douteux, où le mensonge cède la place aux mensonges, et à ces mille routes qui «dévoient du blanc» (I. IX. 37). Et déjà nous voilà avertis que le mensonge n'est pas l'envers simple de la vérité, et qu'il serait imprudent de tenir pour certain l'opposé de ce que dirait le menteur...

La vérité n'a qu'un visage et qu'une voie, certes, mais qui peut se vanter de les connaître et les reconnaître? Le questionnement reprend l'apologue du Crétois: si tous les Crétois sont menteurs, que conclure quand un Crétois dit qu'il ment?

> Si vous dites: Je mens, et que vous disiez vrai, vous mentez donc. (II.
> XII. 527)

Les Crétois menteurs sont assez comparables à ces Almanachs allégués au chapitre «Des pronostications»:

> A tant dire, il faut qu'ils dient et la vérité et le mensonge. Je ne les estime
> de rien mieux, pour les voir tomber en quelque rencontre: ce serait plus
> de certitude, *s'il y avait règle et vérité à mentir toujours.* (I. XI. 43)

Mentir toujours serait une forme de vérité! Mais vérité et mensonge sont inextricablement confondus dans le «mélange» de biens et de maux qui caractérise la condition humaine, notre vie, notre esprit.

D'ailleurs, si la vérité est hors d'atteinte, comment définir le mensonge? On se rappelle l'étonnante position qu'adopte le chapitre pyrrhonien *C'est folie de rapporter le vrai et le faux à notre suffisance*:

---

[1] Singulière proposition! A peine justifiée par la réflexion qui la précède, où Montaigne assure que la seule commodité attendue du mensonge constant est de faire mettre en doute la vérité occasionnelle dans la bouche du menteur.

> C'est une hardiesse dangereuse et de conséquence, outre l'absurde
> témérité qu'elle traîne quant et soi, de mépriser ce que nous ne conce-
> vons pas. Car après que, selon votre bel entendement, vous avez établi
> les limites de la vérité et de la mensonge, et qu'il se trouve que vous avez
> nécessairement à croire des choses où il y a encore plus d'étrangeté
> qu'en ce que vous niez, vous vous êtes déjà obligé de les abandonner.
> (I.XXVII.181)

La critique du vraisemblable et de ses limites étroites – «c'est
une sotte présomption d'aller dédaignant et condamnant pour faux
ce qui ne nous semble pas vraisemblable» – appuie certes ici le
conservatisme politique et religieux, mais elle se fonde sur un postulat sceptique qui entraîne deux conséquences apparemment
contradictoires. D'un côté, l'acceptation de l'invraisemblable, voire
du miracle, et de l'extraordinaire, au nom de la faiblesse de la raison,
ce «bel entendement» si faible et si fragile qu'il ne saurait aller jus-
que là:

> Combien y a-t-il de choses peu vraisemblables, témoignées par gens
> dignes de foi, desquelles si nous ne pouvons être persuadés, au moins les
> faut-il laisser en suspens: car de les condamner impossibles, c'est se faire
> fort, par une téméraire présomption, de savoir jusques où va la possibi-
> lité. (I. XXVII. 180)
> Ce sont pour moi mauvais répondants, que magiciens. Tant y a que
> nous voyons par expérience les femmes envoyer aux corps des enfants
> qu'elles portent au ventre des marques de leurs fantaisies, témoin celle
> qui engendra le more. (I.XXI. 105).

De l'autre, la «naturalisation» rationaliste du monstre, du pro-
dige, du miracle, la réduction de l'extraordinaire à l'ordinaire, du
surnaturel au naturel, au nom de cette même faiblesse:

> Si nous appelons monstres ou miracles ce où notre raison ne peut aller,
> combien s'en présente-t-il continuellement à notre vue?/.../ Il faut juger
> avec plus de révérence de cette infinie puissance de nature... (I. XXVII.
> 179-180)
> Jusques à cette heure, tous ces miracles et événements étranges se
> cachent devant moi. Je n'ai vu monstre et miracle au monde plus exprès
> que moi-même. (III.XI.1029)

La vérité, dit le sceptique, est inaccessible, comme l'être même
des choses: «Nous n'avons aucune communication à l'être»(II. XII.
p. 601), dit-il après Plutarque[2].

Le thème sera évidemment orchestré dans l'*Apologie de Rai-
mond Sebond*, qui utilise à la fois les arguments des Académiciens et
ceux des Pyrrhoniens pour démolir au nom de la raison les préro-
gatives de la raison:

---

[2] Plutarque, *Que signifioit* εἰ (*Sur l'E de Delphes*), XII.18. B.

> ... la vérité est engouffrée dans des profonds abîmes où la vue humaine ne peut pénétrer (II.XII.561)
> ... l'âme n'a pas de quoi distinguer / *les erreurs* /, ni de quoi choisir la vérité du mensonge (*ibid.*)
> ...la raison va toujours, et torte, et boiteuse, et déhanchée, et avec le mensonge comme avec la vérité. (565)

Ainsi que dans le chapitre *Des Boiteux*:

> ... la vérité et le mensonge ont leurs visages conformes, le port, le goût et les allures pareilles: nous les regardons de même œil. (III. XI.1027)

La désolante opposition entre la science et la vérité, d'une part, et le jugement, d'autre part:

> La science et la vérité peuvent loger chez nous sans jugement, et le jugement y peut aussi être sans elles (II. X. 409)

semble se conclure à l'avantage du jugement, du sentiment que l'on peut se faire des choses par expérience; et celui-ci ne se confond pas avec l'intelligence des choses, la science:

> Je souhaiterais bien avoir plus parfaite intelligence des choses, mais je ne la veux pas acheter si cher qu'elle coûte. *(ibid.)*

Le jugement par vrai sentiment est encore préféré au «discours», à l'exercice d'une raison abstraite, lorsqu'il s'agit de l'auto-analyse:

> Je ne me juge que *par vrai sentiment*, non par discours. (III. XIII. 1095)

Trois voix se font donc entendre simultanément dans la discordance.Celle du moraliste-psychologue qui se déclare incapable de mentir par défaut de mémoire:

> Ce n'est pas sans raison qu'on dit que qui ne se sent point assez ferme de mémoire, ne se doit pas mêler d'être menteur. (I.IX.35)

déteste le mensonge et le maudit.

Celle de l'auto-analyste qui prendrait bien, avant Rousseau, la devise *Vitam impendere vero*, et qui fait, qui doit bien faire, le serment de véridicité, inclus dans le contrat autobiographique:

> Moi-même, qui fais singulière conscience de mentir ... (III.XI. 1028),

proclame l'amour passionné de la vérité:

> Je festoie et caresse la vérité en quelque main que je la trouve, et m'y
> rends allègrement, et lui tends mes armes vaincues, de loin que je la vois
> approcher. (III. VIII. 924),

mais se ménage des zones de sécurité, admettant l'omission délibérée, ou l'amplification nuisible à la «vérité naïve» (ibid.)

Celle du philosophe sceptique, qui se désole de voir même
visage à la vérité et au mensonge, prend argument de ce constat pour
démolir les prétentions de la raison à démêler le vrai du faux. Et ce
dernier personnage tantôt serait porté à accréditer le miracle, tantôt
se soucierait de dénoncer les prestiges des illusions, mais, au fur et à
mesure qu'il multiplie les références à Cicéron, s'engage plus décisivement dans les voies du rationalisme, comme l'a bien montré
H. Busson[3].

Ces voix appartiennent à diverses personae qui condamnent sans
réserves le mentir, ce maudit vice, mais pour des raisons bien différentes.

Le philosophe moral le condamne au nom de critères à la fois
éthiques et esthétiques, car l'honnête est régulièrement couplé avec
le beau, le deshonnête avec le sale[4], comme la vertu avec la splendeur,
et le vice avec la laideur; le mensonge est déshonnête et laid, et l'utile
doit être soumis à l'honnête:

> On argumente mal l'honnêteté et la beauté d'une action par son utilité.
> (III. 1. 803)
> La voie de la vérité est une et simple, celle du profit (…), double, inégale
> et fortuite. (ibid. 795)

Aussi la critique de la feinte est-elle sans appel:

> Car, quant à cette nouvelle vertu de feintise et de dissimulation,/.../ je
> la hais capitalement; et, de tous les vices, je n'en trouve aucun qui
> témoigne tant de lâcheté et bassesse de cœur. (II. XVII. 647)

Le philosophe politique, s'il admet comme Machiavel dans
l'exercice du pouvoir la nécessité de la ruse, de la tromperie, et du
manquement de parole:

---

[3] Henri Busson, Le rationalisme dans la littérature française de la Renaissance
    (1533-1601), Vrin, 1927 (en part. p. 440-446). A propos de la correction qui sub-
    stitue en I. XXVII nature à Dieu, Busson note: «Montaigne rejoint ici les incré-
    dules de la Renaissance, et c'est Cicéron qui lui a fourni (...) cette heureuse défi-
    nition» (p. 446).
[4] «Je suis le langage commun, qui fait différence entre les choses utiles et les hon-
    nêtes; si que d'aucunes actions naturelles, non seulement utiles, mais néces-
    saires, il les nomme deshonnêtes et sales.» (III.I. 796)

Le bien public requiert qu'on trahisse et qu'on mente (III. I. 791),

condamne de ce fait, au nom des exigences de l'éthique individuelle, la participation aux affaires publiques, et la dissimulation qu'elle exige :

> aucune utilité privée n'est digne pour laquelle nous fassions cet effort à notre conscience. (III.I. 800)

Et il déplore comme Timoléon «qu'il eût été nécessaire d'acheter l'utilité publique à tel prix de l'honnêteté de ses mœurs. «(*ibid.*):

> Qui se vante, en un temps malade comme cettui-ci, d'employer au service du monde une vertu naïve et sincère, ou il ne la connaît pas /.../, ou, s'il la connaît, il se vante à tort. (III. IX. 993)

L'auto-portraitiste, puisqu'il entend d'abord se faire connaître tel qu'il est :

> Je suis affamé de me faire connaître ; et ne me chaut à combien, pourvu que ce soit véritablement ; ou, pour dire mieux, je n'ai faim de rien, mais je crains mortellement d'être pris en échange par ceux à qui il arrive de connaître mon nom. (III. V. 847),

inscrit nécessairement la véridicité comme le terme principal du contrat qu'il passe avec le lecteur :

> Au reste, je me suis ordonné d'oser dire tout ce que j'ose faire, et me déplais des pensées mêmes impubliables. (*ibid.* 845).

Quelques dissonances affectent pourtant le concert des voix plaidant pour l'absolu respect de la vérité... Non seulement ces voix alternent dans un discours contradictoire, mais encore chacune d'entre elles est minée de l'intérieur par la dissonance : le moraliste ennemi juré du mensonge et amoureux fou de la vérité reconnaît pourtant l'utilité occasionnelle du mensonge, et accepte qu'on en fasse son profit ; le philosophe sceptique admet à l'occasion que l'utile est une valeur supérieure au vrai, et que, par exemple, les histoires qu'il raconte, vraies ou pas, sont d'égal intérêt pour juger de l'humaine capacité, car le fabuleux enseigne comme l'authentique, et le non advenu comme l'advenu ; l'auto-portraitiste qui festoie et caresse la vérité, et avance l'argument de sa bonne foi, ne se borne pas à reconnaître qu'il ne peut tout dire, ni à se peindre de profil, comme l'en accuse Rousseau, mais laisse çà et là soupçonner sa mauvaise foi...

LE «PROFIT DE LA MENSONGE»

Chacune des *personae* a une position bien ambivalente. Le philosophe politique qui refuse de participer aux affaires pour sauver son honneur semble guidé surtout par le souci d'assurer sa propre défense: la réflexion machiavélienne sur la dissimulation nécessaire qui entraîne la critique des charges publiques a le statut d'une apologie *pro domo sua*, et l'argumentation vise à décharger l'accusation, et à justifier le maire de Bordeaux. En outre il met en évidence non seulement l'impossibilité de la vertu naïve et sincère au service du monde, mais même son danger:

> Qui en écrirait rondement, en écrirait témérairement et vicieusement. (III. IX. 993)[5]

La dissimulation du prince n'est du reste pas nécessairement critiquée: le chapitre *De la liberté de conscience*, qui reprend le débat contemporain sur les avantages et les risques de la politique de tolérance, s'achève sur un éloge ambigu de la politique royale. Si Montaigne se déclare favorable à la paix de Monsieur (1576) au nom de la nécessaire concorde civile, il choisit *in fine* de soutenir l'hypothèse de la dissimulation du prince, et d'approuver cette feinte, pour sauver son honneur:

> Et si crois mieux, pour l'honneur de la dévotion de nos rois, c'est que, n'ayant pu ce qu'ils voulaient, ils ont fait semblant de vouloir ce qu'ils pouvaient. (II. XIX. 672)

Comme il n'avait du reste nullement blâmé Julien de n'avoir osé «découvrir» son paganisme, «par ce que toute son armée était de Chrétiens», jusqu'à ce qu'il se vît «assez fort pour oser publier sa volonté» (671).

Le philosophe moral qui situe l'honnête au-dessus de l'utile admet pourtant le profit occasionnel de «la mensonge» et ne le condamne pas, au nom du besoin de la société publique:

> Aucunes choses, ils les ont écrites pour le besoin de la société publique, comme leurs religions, *car il n'est pas défendu de faire notre profit de la mensonge même, s'il est besoin.* (II. XII. 512)[6].

---

[5]   On comprend l'étonnement de Villey (note 7 p. 993) devant cette phrase énigmatique: «Je comprends: qui en écrirait en toute franchise agirait à la légère et à tort (car il serait obligé de dire du mal du meilleur parti, que nous devons appeler sain en le comparant aux autres).»

[6]   Je souligne le membre de phrase qui disparaît lors des éditions posthumes.

Quant au philosophe sceptique, qui se désole de constater que vérité et mensonge ont des visages conformes, il déclare non sans insolence ne pas garantir l'authenticité des récits qui illustrent la force de l'imagination, et vouloir tirer profit du fabuleux comme du vrai, du non advenu comme de l'advenu:

> Advenu ou non advenu, à Paris ou à Rome, à Jean ou à Pierre, c'est toujours un tour de l'humaine capacité, duquel je suis utilement advisé par ce récit... (I. XXI. 106)

Voici encore l'utile, le profitable – dans le domaine de l'instruction morale – supérieurs à l'authenticité du témoignage, au «récit» véridique. Et pourtant! Celui-là même qui justifie le fabuleux par son «service», reconnaît que l'utilité n'est pas un critère éthique:

> On argumente mal l'honnêteté et beauté d'une action par son utilité, et conclut-on mal d'estimer que chacun y soit obligé, et qu'elle soit honnête à chacun, si elle est utile. (III. I. 803)

Le conflit entre critères éthiques et critères pragmatiques qui s'exprime dans la discordance et la contradiction n'épargne pas l'épineuse question de la vérité, toujours honnête, pas toujours utile...

Cependant, alléguant l'exemple du sage Phérécyde dont les écrits «ne contiennent nulle certitude qui /le/ satisfasse» (II.XII.501), le pyrrhonien assure qu'il «n'est quasi rien / qu'il / sache savoir», «autant douteux de / soi / que de toute autre chose» (II. XVII. 634):

> Aussi ne fais-je pas profession de savoir la vérité, et d'y atteindre. (II. XII. 501)

Et il soutient comme Plutarque que l'accès à l'être, à l'essence des choses, est barré; mais s'il déclare son scepticisme dans le domaine de la connaissance, il arrache au scepticisme le domaine des mœurs:

> Composer nos mœurs est notre office, non pas composer des livres, et gagner, non pas des batailles et provinces, mais l'ordre et tranquillité à notre conduite. (III. XIII. 1108)

Quant à l'auto-portraitiste, il ajoute au contrat de véridicité une clause restrictive: «Il ne faut pas toujours dire tout «(II. XVII. 648), et il justifie par quelque nécessité interne, qui ne se réduit ni à l'observation des convenances ni à la contrainte que fait peser l'instance sociale, la retenue de la parole, toujours entrouverte.

Voilà de quoi nuancer la virulente critique du mensonge et l'éloge passionné de la vérité.

Celui qui entend se montrer à visage découvert, celui qui déteste les masques et les impostures, sait bien pourtant que parfois l'ouverture aimée et célébrée est difficile, voire impossible.

«C'EST ICI UN LIVRE DE BONNE FOI, LECTEUR...»

L'avis *Au lecteur* qui ouvre la première édition des *Essais* montre de façon exemplaire l'efficacité de la rhétorique, surtout lorsqu'elle est au service d'une critique de la rhétorique...

La formule de présentation, mémorable et mémorisée, semble avoir été souvent mal lue, et son ironie mal perçue: la «bonne foi» consiste ici à demander d'entrée de jeu au lecteur de ne pas lire ce livre, qui ne fut pas écrit pour lui; la phrase qui suit: *Il t'avertit dès l'entrée, que je ne m'y suis proposé aucune fin, que domestique et privée*, a le statut d'un commentaire expliquant en quoi consiste cette bonne foi: une bonne foi qui n'engage donc pas toute l'entreprise, et ne définit pas «le livre» en tant que tel, mais se borne à signaler, usant de la rhétorique de l'*excusatio propter infirmitatem*, la prétendue modestie du projet, qui exclurait les fins humanistes, le plaisir et le profit, et par là écarterait les lecteurs qui n'appartiendraient pas au petit cercle des familiers. L'ironie serait évidemment plus perceptible si les deux points remplaçaient le point, et si un *car* ouvrait l'espace de la glose:

/ C'est ici un livre de bonne foi, lecteur: car il t'avertit... /

Mais même la forte ponctuation n'interdit pas de considérer la deuxième phrase comme l'explication de la première. La figure d'*excusatio* fait en réalité office de *captatio benevolentiae*, renversant le *topos* humaniste de la bonne écriture – qui plaît et profite ensemble – en manière d'insolente provocation, chez celui qui «prenait plaisir de déplaire plaisamment», comme le note Pasquier: selon une tactique éprouvée, le séducteur entend séduire en feignant de ne pas vouloir séduire, et la mauvaise foi de l'avertissement, mise en évidence par Malebranche, ressortit encore à cette stratégie de ruse:

> s'il eût cru que ce n'était pas *raison* qu'on employât le temps à lire son Livre, il eût agi lui-même contre le sens commun en le faisant imprimer./.../ C'est encore une plaisante excuse de sa vanité de dire, qu'il n'a écrit que pour ses parents et amis. (éd. cit. p. 1218)

L'adieu impertinent qui achève cette préface testamentaire en forme de message épistolaire sonne comme une ironique adresse au lecteur, ainsi averti que ce livre est hors normes, et qu'il n'a pas à le juger en usant des critères ordinaires.

Le refus du *topos* engendre alors un autre *topos* préfaciel: *Ne lisez pas ce livre*, subtile invitation à visiter un monument dont on nous dit qu'il ne ressemble point aux autres, et Rousseau sur ce point encore a bien lu Montaigne, congédiant lui aussi son lecteur au seuil de ses *Écrits autobiographiques*:

> Lecteurs, je pense volontiers à moi-même et je parle comme je pense.
> Dispensez-vous donc de lire cette préface si vous n'aimez pas qu'on
> parle de soi[7].

L'interdiction de lire, ou le conseil de ne pas lire, ne sont évidemment que de subtiles invitations à lire. Et cet avis est un savoureux petit chef d'œuvre de mauvaise foi.

L'impertinent avis *Au lecteur*, certes, se moque de nous, et l'on pourrait reprendre la formule de Pasquier, à propos des titres de chapitres:

> C'est en quoi il s'est voulu de propos délibéré moquer de nous, et par
> aventure de lui-même, par une liberté particulière qui était née avec lui[8].

N'est-ce point se moquer que de présenter le livre comme un simple témoignage, un portrait d'ancêtre destiné à orner une galerie familiale ou amicale, ou encore, ainsi qu'il le fait dans la dédicace du chapitre *De la ressemblance des enfants aux pères* à Mme de Duras, comme une conversation familière, des «inepties» qui permettent seulement de reconnaître «ce même port et ce même air /*qu'elle a vus* / en /*sa* / conversation», une représentation «au naturel» (II. XXXVII. 783)?

Quelque chose se dit pourtant dans ces mensonges délibérés; et d'abord sans doute que le lecteur souhaité est un lecteur ami, mieux, un lecteur amoureux, comme ces dames à qui le chapitre *Sur des vers de Virgile*, dont on espère qu'il «fera du cabinet» (III. V. 847), offre les dernières accolades d'un amant, ou comme la fille d'alliance, si chaleureusement admirative en son «affection/.../ plus que sur-abondante» (II. XVII. 662). Et la feinte réserve dit aussi que l'écrivain désire en effet se faire connaître tel qu'il est, qu'il est «affamé de se faire connaître», et de se faire connaître par un livre «corps solide» appelé à «durer quelques années ou quelques jours» après lui (II. XXXVII. 783). N'est-il pas bien ambitieux d'espérer «quelques années» de survie? «quelques jours» seulement peut-être, ajoute aussitôt la formule de *correctio* exigée par la feinte humilité: quelques siècles aussi sans doute..., mais la modestie interdit de le dire!

On reconnaîtra que Rousseau n'avait pas tout à fait tort lorsqu'il accusait Montaigne de se peindre «de profil», mais, outre que cette critique répond elle-même à une stratégie pour assurer l'absolue

---

7   Rousseau *Mon portrait*, in *Œuvres Complètes,* éd. B. Gagnebin et M. Raymond,
    tome I, Bibliothèque de la Pléiade, Gallimard, 1959 (p. 1120).

8   E. Pasquier, Lettre à M. de Pelgé, in *Les lettres d'E. Pasquier*, 1619, reproduite
    par Villey, éd. cit. des *Essais*, p. 1207.

nouveauté des *Confessions*, exactement comme Montaigne a besoin d'assurer l'absolue nouveauté de ses *Essais*, il reste que l'auto-por-trait, la vive représentation, la représentation «au naturel» – *Me représenté-je pas vivement/.../ Suffit!* –, s'ils ne résument pas toute la matière des *Essais*, sont en effet une singularité, échappant aux normes rhétoriques et morales de l'époque; les vives critiques des écrivains du siècle classique, Malebranche, Pascal, comme celles de *La Logique de Port Royal*, montrent bien que Montaigne avait tout lieu de redouter une réception réticente ou indignée.

De même, s'il n'est pas tout à fait vrai que seule «la révérence publique» interdit à l'essayiste de se peindre «tout entier et tout nu» – les résistances intimes sont bien plus fortes, comme on a tenté de le montrer[9] – il reste que Montaigne a osé parler non seulement du sexe et de la sexualité, mais de *son* sexe et de *sa* sexualité, et que sa parole alors est une parole de vérité, sans ostentation ni vantardise; s'agissant d'un domaine particulièrement sensible pour la vanité du mâle, qui eut ses approches si «impertinemment génitales» en sa jeu-nesse ardente, les aveux d'impuissance ou de défaillance devaient particulièrement coûter. L'avis au lecteur dit donc vrai, en partie vrai, en disant faux.

Mentir, dire mensonge, mentir à autrui, dire mensonge à soi-même: toute vérité n'est pas bonne à dire, nous assure l'adage, et celle-ci moins qu'une autre, sans doute.

Lecteurs passionnés des *Essais*, fascinés par leur subtilité, et l'acuité de l'intelligence qui s'y déploie, est-ce raison que nous em-ployions notre loisir en un sujet si frivole et si vain que celui de leur «véridicité»? *Si non e vero, e ben trovato...*

---

[9] Je me permets de renvoyer sur ce point à *Montaigne. L'écriture de l'essai*, PUF, 1988, p. 241-54.

CHAPITRE II

LES TÉMOIGNAGES FABULEUX, COMME LES VRAIS...

Les *Essais* composent une vaste enquête sur la recherche de la vérité, ses difficultés, ses pièges, ses leurres, ses impasses; le sceptique assure, après Plutarque, que «nous n'avons aucune communication à l'être» (II.XII.601)[1], que posséder la vérité n'appartient pas à l'homme, qui ne se connaît même pas lui-même:

> Or il est vraisemblable que, si l'âme savait quelque chose, elle se saurait premièrement elle-même; et si elle savait quelque chose hors d'elle, ce serait son corps et son étui, avant toute autre chose. (II. XII. 561).

Le philosophe moral cependant arrache au scepticisme la connaissance des mœurs et leur «composition», sans jamais renoncer à quêter partout cette vérité qui échappe à la raison. Par l'étude méthodique de soi, la seule métaphysique, la seule physique acceptables:

> Je m'étudie plus qu'autre sujet. C'est ma métaphysique, c'est ma physique (III.XIII. 1072),

l'auto-analyste espère mettre au jour quelque vérité sur l'humaine condition, une vérité acquise par l'expérience et l'expérimentation, non par le «discours».

La raison, à laquelle l'*Apologie* portera de si rudes coups, est pourtant alors l'instrument indispensable et de sa propre critique, et de la critique des opinions, des croyances, des préjugés.

L'EXTRAORDINAIRE DEVANT LA RAISON

En ce domaine si délicat, le rationalisme de Montaigne, qui va s'affirmant au fil de l'écriture, tandis que les références à Cicéron deviennent plus nombreuses, doit bien questionner diverses sortes

---

[1] Calque de la traduction de Plutarque («Ἡμῖν μὲν γὰρ ὄντως τοῦ εἶναι μέτεστιν οὐδέν.» *E de Delphes* XII. 18 B) par Amyot.

de «miracles». Tandis que le domaine de la foi est prudemment mis à part, *l'extraordinaire* est l'objet d'une enquête qui tente d'évaluer l'importance de l'imagination et de la fantaisie dans la formation du jugement. Cicéron avait mis en lumière dans ses traités de rhétorique le rôle pervers que jouent les passions dans le jugement, posant que l'homme est plus sensible à ses nerfs, à ses affections qu'à l'empire de la raison :

> *Plura enim multo homines judicant odio aut amore aut cupiditate aut iracundia aut dolore aut laetitia aut spe aut timore aut errore aut aliqua permotione mentis quam veritate aut praescripto aut juris norma aliqua aut judici formula aut legibus.* (De oratore II.XLII.178)/ Les hommes en effet prononcent bien plus de jugements par haine ou par amour, par désir ou par colère, par plaisir ou par douleur, par espoir ou par crainte, par erreur ou par quelque émotion de l'âme, que par souci de la vérité, ou de la jurisprudence, ou que selon les règles du droit ou les formes prescrites ou les lois.

Et tout en se désolant de la faiblesse de la raison, il la mettait à profit pour apprendre à l'orateur à diriger à sa guise le «cœur» et l'esprit des auditeurs... Montaigne, lui aussi rationaliste sceptique, renvoie les effets extraordinaires à l'emprise sur l'homme de la passion, des fantasmes, des croyances, de l'imagination, les réduisant à l'ordinaire de la condition humaine :

> Il est vraisemblable que le principal crédit des miracles, des visions, des enchantements et de tels effets extraordinaires, vienne de la puissance de l'imagination, agissant principalement contre les âmes du vulgaire, plus molles. On leur a si fort saisi la créance, qu'ils pensent voir ce qu'ils ne voient pas. (I. XXI. 99)

Aussi bien le chapitre *De la force de l'imagination* accumule des exemples d'effets extraordinaires, qui ne consistent qu'«en fantasie», et découvre, sous «quelque sorcerie», le simple effet d'une croyance sur une âme mal préparée.

Le fabuleux perd son étrangeté surnaturelle, pour devenir le signe de l'étrangeté naturelle de l'homme, la marque de cette raison si fragile qui «veut... ce que nous lui prohibons de vouloir» ; et l'étrange même perd son étrangeté «si nous considérons, ce que nous essayons ordinairement, combien l'accoutumance hébète nos sens» (I. XXIII. 109), tandis que le prodigieux, le monstrueux renvoient l'homme aux lacunes de son savoir, aux défauts de son intelligence, inhibée par l'habitude :

> Nous appelons contre nature ce qui advient contre la coutume. (...) Que cette raison universelle et naturelle chasse de nous l'erreur et l'étonnement que la nouvelleté nous apporte. (II. XXX. 713)

Néanmoins le discours oscille d'un rationalisme vigilant, prompt à corriger les erreurs des sens, à la tranquille acceptation de l'irrationnel:

> Ce sont pour moi mauvais répondants, que magiciens. Tant y a que nous voyons par expérience les femmes envoyer aux corps des enfants qu'elles portent au ventre des marques de leurs fantasies, témoin celle qui engendra le more... (I. XXI.105)

Comme Boaistuau dans ses *Histoires prodigieuses*, Montaigne tantôt réduit le miracle à un effet de la croyance, tantôt accepte le miracle en tant que tel. Rationnel et irrationnel se juxtaposent ainsi sans se confondre.

Cependant, alors même que, nous dit-il, ses discours «se tiennent par la preuve de la raison», voici une étonnante déclaration:

> Aussi en l'étude que je traite de nos mœurs et mouvements, les témoignages fabuleux, pourvu qu'ils soient possibles, y servent comme les vrais. (*ibid.*)

L'essayiste argumente ici comme le poète, comme Ronsard, réclamant pour l'épique *licence de feindre,* et distinguant le travail du poète de celui de l'historien, celui-ci soumis à l'absolu respect de la vérité, celui-là revendiquant le droit, non seulement au vraisemblable, mais au possible; on pourra cependant s'étonner que le philosophe moral accueille les témoignages fabuleux comme les vrais, à la seule condition qu'ils soient, non pas même vraisemblables, mais seulement «possibles», c'est-à-dire que rien ne puisse démontrer leur fausseté.

La question se pose alors de savoir quelle sorte de vérité se trouve dans le fabuleux: que peuvent bien avoir en commun témoignages fabuleux et témoignages vrais? Comment pourraient-ils avoir même utilité? Comment le non advenu peut-il, au même titre que l'advenu, devenir le gibier du philosophe en quête de vrai? Le non advenu est-il d'ailleurs bien l'objet du philosophe, de l'anthropologue? N'est-il pas plutôt celui du poète?

UN CONTE D'APOTHICAIRE?

Ce chapitre *De la force de l'imagination* est déconcertant de plusieurs manières. D'un côté, le discours opère un renversement étonnant, en s'achevant, en son premier état, sur une pirouette. Après un ultime exemple de la force de l'imagination, «le conte du fauconnier qui, arrêtant obstinément sa vue contre un milan en l'air, gageait de

la seule force de sa vue le ramener contre bas», le narrateur ajoute
«et le faisait, *à ce qu'on dit*». Ces derniers mots suscitent alors une
glose:

> Car les Histoires que j'emprunte, je les renvoie sur la conscience de
> ceux de qui je les prends. (I. XXI. 105).

Et nous voici avertis que la collection d'anecdotes n'a pas le statut d'un témoignage irréfutable. Il est fort probable que Montaigne
se souvienne ici de Lucien[2], et de son opuscule *Comment il faut
écrire l'histoire*:

> Si, au cours du récit, tu tombes sur quelque trait fabuleux, rapporte-le,
> mais garde-toi d'en garantir la véracité: abandonne-le à tes lecteurs pour
> qu'ils en jugent comme ils voudront. Toi, ne te charge d'aucune respon-
> sabilité...[3]

Premier tour d'escrime, qui jette sur les narrations et les anecdotes que l'on vient de lire le soupçon d'une imposture délibérée.
Du reste, après avoir accumulé divers exemples de cas singuliers
mettant en lumière en effet «la force de l'imagination», Montaigne
notait déjà, comme négligemment:

> Et tout ce caprice m'est tombé présentement en main, sur le conte que
> me faisait un domestique apothicaire de feu mon père... (103).

Un conte ou un compte d'apothicaire! Voilà qui incite à la
méfiance...Montaigne prétend ainsi donner à sa réflexion – un
simple caprice! – une origine modeste et tout accidentelle: le souvenir soudain d'une anecdote rapportée par un témoin digne de foi,
sinon vraie, au moins vraisemblable, alors que les lectures de Cor-
neille Agrippa, mais aussi de Pline, P. Messie, J. Wier, Boaistuau, et
d'autres encore, aussi «stimulantes» sinon plus que le conte d'apothicaire, sont passées sous silence.

Le déplacement de l'indication du «stimulus», située, non à l'ouverture du chapitre, mais quasiment à sa clôture dans le premier état
du texte, signale d'abord un artifice de composition; mais le terme
de *caprice* – où l'on peut reconnaître une fois encore le geste de
feinte dévalorisation qui accompagne la présentation de l'essai –
signale aussi le choix esthétique d'une manière qui revendique la
liberté de l'humeur, la liberté de la démarche, l'allure à sauts et à

---

[2]   Dont il possédait, selon Villey, les *Opera*. Bon nombre d'œuvres (en particulier
      les dialogues) de Lucien, dont l'influence fut importante à la Renaissance, ont
      été traduites en latin, et en français.
[3]   Lucien, *Œuvres Complètes*, trad. E. Chambry, tome II, Garnier, 1934, p. 29.

gambades, autorisant, avec la compilation, la collection, l'entasse-ment. Montaigne ici encore ment et dit vrai, dit vrai en mentant: ce chapitre *n'est pas un caprice*, mais une réflexion des plus sérieuses et sur l'imagination et sur la matière de l'essai; il *est pourtant un caprice*, puisqu'il fait errer le lecteur d'une réflexion à un autre, sui-vant l'humeur, capricieuse en effet, de l'essayiste, qui pratique un jeu d'aller retour sur ses propres traces, choisissant le parcours sinueux qu'il admire dans la peinture grotesque, comme dans le dia-logue platonicien.

D'un autre côté, le second état du texte dans l'édition de 1588 ajoute une nouvelle anecdote, le cas de Marie Germain devenue homme à vingt-deux ans, rapporté également par Paré dans ses *Monstres et Prodiges*[4], et donné ici aussi comme un témoignage per-sonnel du scripteur, accompagné d'une glose malicieuse du miso-gyne:

> Ce n'est pas tant de merveille, que cette sorte d'accident se rencontre fréquent: car si l'imagination peut en telles choses, elle est si continuel-lement et si vigoureusement attachée à ce sujet, que, pour n'avoir si sou-vent à rechoir en même pensée et âpreté de désir, elle a meilleur compte d'incorporer, une fois pour toutes, cette virile partie aux filles. (99)

Et il greffe également un commentaire sur le commentaire qui achevait le chapitre dans les premières éditions:

> Les discours sont à moi, et se tiennent par la preuve de la raison, non de l'expérience: chacun peut y joindre ses exemples... (105)

Singulière déclaration, qui privilégie la raison, l'argumentation, la réflexion, le jugement, au détriment de l'expérience, dévalorisée! Montaigne ne craindra pas de se démentir, parlant discordamment, lorsqu'il adoptera une autre position dans le chapitre *De l'expérience*:

---

[4] Ambroise Paré, *Des monstres et prodiges* (1573), chapitre VII, «Histoires mémo-rables de certaines femmes qui sont dégénérées en hommes», collection Fleuron, Slatkine, 1996, p. 84-85. Paré assure avoir vu à Vitry-le-François ce personnage «nommé Germain Garnier», qu'«aucuns nommaient Germain Marie, parce qu'étant fille il était appelé Marie», et sa narration est plus pittoresque que celle de Montaigne: «Or ayant atteint l'âge susdit, comme il était aux champs, et poursuivait assez vivement ses pourceaux qui allaient dedans un blé, trouvant un fossé le voulut affranchir: et l'ayant sauté, à l'instant se viennent à lui déve-lopper les génitoires et la verge virile, s'étant rompus les ligaments par lesquels auparavant étaient tenus clos et enserrés (ce qui ne lui advint sans douleur), et s'en retourna larmoyant en la maison de sa mère, disant que ses tripes lui étaient sorties hors du ventre: laquelle fut fort étonnée de ce spectacle...»

> Quel que soit donc le fruit que nous pouvons avoir de l'expérience, à
> peine servira beaucoup à notre institution celle que nous tirons des
> exemples étrangers, si nous faisons si mal notre profit de celle que nous
> avons de nous-mêmes, qui nous est plus familière, et certes suffisante à
> nous instruire de ce qu'il nous faut /... / Je ne me juge que par vray sen-
> timent, non par discours. (III. XIII.1072 et 1095)

Ici *histoires* s'oppose à *discours*, *emprunter* à /être/ *à moi, expérience* à *raison*: voici que dans ce registre réglé d'oppositions se définit la spécificité de l'essai, qui tient à se distinguer de la compilation,
de l'accumulation d'anecdotes à la façon d'un Boaistuau dans ses
Histoires Prodigieuses, pour devenir essai du jugement et des facul-
tés naturelles.

Le dernier état du texte, postérieur à l'édition de 1588, pratique
plusieurs additions: une auto-analyse accompagnée du récit ironique d'une rencontre avec un grand médecin, l'emprunt d'un
exemple à *La Cité de Dieu* de saint Augustin, la narration d'une
plaisante aventure dont l'essayiste fut témoin et acteur, une réflexion
sur l'indocile liberté du membre viril, et des conseils aux nouveaux
mariés pour éviter la défaillance sexuelle, enfin une longue séquence
sur la matière et la manière de l'essai, justifiant les commentaires
désinvoltes des états précédents du texte. Celle-ci n'ajoute rien à la
liste d'exemples, et s'attache moins aux questions d'ordre psychologique, philosophique, ou théologique, qu'ils peuvent poser, qu'à la
problématique du genre de l'essai, définie par opposition et contraste
avec le genre de l'histoire.
    Composée de plusieurs mini-séquences, abordant diverses
questions, elle s'achève sur une référence à Plutarque, un Plutarque
virtuel, auquel on prête une défense oblique de l'essayiste, préférant
l'utilité à la vérité:

> Plutarque nous dirait volontiers de ce qu'il en a fait, que c'est l'ouvrage
> d'autrui, que ses exemples soient en tout et par tout véritables; qu'ils
> soient utiles à la postérité, et présentés d'un lustre qui nous éclaire à la
> vertu, que c'est son ouvrage.

Faut-il alors penser que le chapitre n'est qu'un exemple de la vir-
tuosité de Montaigne, en quête d'utilité, non de vérité? Et mettra-t-
on au compte de sa «première manière» cette définition de l'essai
comme instruisant?[5] Le scepticisme: «Il n'est pas dangereux, qu'il

---

[5] On sait qu'ailleurs, au contraire, Montaigne définit ses essais comme ceux des
enfants, «instruisables, non instruisants» (I. LVI. 323).

soit ainsi ou ainsi», serait-il, comme ici, le dernier mot? Quel est au juste le statut de ces histoires empruntées auxquelles la première rédaction accorde même exemplarité qu'à celles dont l'auteur garantit l'authenticité?

L'ESSAI CONTRE L'HISTOIRE

Ce chapitre d'abord composé d'une série de narrations, d'anecdotes et d'exemples divers, et qui s'achève malicieusement sur une déclaration d'indépendance à l'égard des narrations, des anecdotes et des exemples, se métamorphose par l'effet des diverses additions. Voyant son attention d'abord attirée par la question que pose l'imagination à la raison et au jugement, le lecteur est ensuite amené à repenser le rôle des «histoires», et à apprécier «la raison», l'essai de jugement de l'essayiste, puis à s'intéresser à la nouvelle présentation de l'essai, et à l'usage qu'il entend faire du fabuleux comme du vrai. Car dans ce chapitre dont le titre n'embrasse que la matière du premier état, le retour de Montaigne lecteur de son texte sur ses premières erres oriente autrement la réflexion: tandis que les motifs apparemment secondaires se greffent sur le thème principal, éclairé alors d'une autre lumière, dans l'activité de reprise l'essai devient son propre objet de réflexion.

La séquence auto-réflexive qui s'ouvre sur un énoncé assez énigmatique: «Si je ne comme bien, qu'un autre comme pour moi», où le verbe-hapax *commer* signifie dans le contexte «joindre des exemples»[6], a le statut d'un programme. L'indifférenciation des témoignages, fabuleux ou vrais, est la conséquence logique du privilège accordé aux discours sur les histoires, au commentaire sur le conte. Un récit, quel que soit son statut, dit toujours quelque chose, sinon des faits rapportés par le conteur, au moins du conteur lui-même. Et il intéresse d'abord l'ethno-anthropologue: dis-moi ce que tu racontes, je te dirai qui tu es.

Mais l'ambition de l'essayiste va plus loin: il entend définir la spécificité du genre qu'il «essaie». Engendré par la précédente séquence où les discours s'opposaient aux exemples, et la raison à l'expérience, un jeu réglé d'antithèses articule la séquence terminale:

---

[6] Voir Montaigne, *Essais*, éd. crit. A. Tournon, Imprimerie Nationale, 1997, note, tome I, p. 554-5: Montaigne a substitué à «/supposer / *des comes*», «/ supposer / *des similitudes*».

témoignages fabuleux	vs	(témoignages) vrais
possibles	vs	(impossibles)
non advenu	vs	advenu
en ombre	vs	en corps
ma fin	vs	la fin des auteurs
dire sur	vs	dire
ce qui peut advenir	vs	les événements
conscience	vs	science
écrire les choses présentes	vs	écrire les choses passées
son ouvrage	vs	l'ouvrage d'autrui
exemples utiles	vs	exemples véritables

Deux grands paradigmes se dessinent par la voie du contraste: celui de l'essai, celui de l'histoire ou de la chronique.

L'histoire et la chronique, soumises à la juridiction de la vérité, ont pour objet de «dire les événements», ce qui s'est passé, ce qui a eu lieu en effet, τὰ γενόμενα, comme dit Aristote[7]. L'historien, le chroniqueur, ont à *répondre* de leur science, c'est-à-dire de leur savoir, de son origine, de sa transmission, à *rendre compte* de la vérité: écrire l'histoire exige une foi elle-même fondée sur des documents authentiques, et qui ne saurait s'engager «sur une foi populaire». L'essai n'est soumis qu'à la juridiction du jugement personnel, et à la conscience du scripteur, mais son entreprise est alors plus hasardeuse, puisqu'il a à rendre compte d'une vérité qui n'est pas empruntée, qu'il ne saurait emprunter à autrui[8]. Il prend pour matière tous les témoignages de l'humaine capacité, sans se soucier si cela est vrai ou non, comme disait le poète[9], tout ce qui est de l'ordre du possible, «les témoignages fabuleux, pourvu qu'ils soient possibles», soit tout ce que l'exigence de logique, la raison-logos, peut accepter comme n'étant pas contraire à elle, *a-logon*, οἷα ἂν γένοιτο, comme dit encore Aristote (1451 b)[10]. La réflexion fait écho à celle de Ronsard, dégageant dans la préface de *La Franciade* la

---

[7]   Aristote, *Poétique*, 1451 a.

[8]   Voir K. Stierle: «Ce qui rend l'histoire impossible rend l'essai possible», in «L'Histoire comme Exemple, l'Exemple comme Histoire», *Poétique* n°10-1972, p. 197.

[9]   Ronsard: «Or /.../ j'ai bâti ma Franciade, sans me soucier si cela est vrai ou non...», *Au lecteur apprentif* (2ᵉ Préface de *La Franciade*), in *Œuvres Complètes*, éd. G. Cohen, Bibliothèque de la Pléiade, Gallimard, 1950, tome 2, p. 1024.

[10]   Pour Aristote, examinant les catégories de la poétique à la lumière de la logique, «ce qui pourrait advenir» se définit comme ce qui peut se produire soit selon le vraisemblable, soit selon le nécessaire.

poésie épique du respect historien du vrai, et plaidant en faveur du possible; mais le possible a ici des limites plus vagues, car il ne se confond ni avec le vraisemblable, ni, comme chez Ronsard, avec le crédible, ou avec «ce qui est déjà reçu en la commune opinion»[11]:

> Il ne faut pas juger ce qui est possible et ce qui ne l'est pas, selon ce qui est croyable et incroyable à notre sens... (II. XXXII. 725)

Chaque genre a ses propres contraintes, et sa marge de liberté. L'historien et le chroniqueur écrivant «les choses passées» butent sur la nécessité non seulement de vérifier leurs informations, mais, lorsqu'ils pratiquent une psycho-histoire comme Plutarque ou Tacite, de juger à distance des comportements, des intentions, des «conseils», comme disait Amyot définissant la psycho-histoire pratiquée par Plutarque:

> Or est-il, que selon la diversité de la matière qu'elle / l'histoire / traite, ou de l'ordre et manière d'écrire dont elle use, on lui donne noms différents: mais il y en a entre autres deux principales espèces: l'une qui expose au long les faits et aventures des hommes et s'appelle du nom commun d'histoire: l'autre qui déclare leur nature, leurs dits et leurs mœurs, qui proprement s'appelle Vie. Et combien que leurs sujets soient fort conjoints, si est-ce que l'une regarde plus les choses, l'autre les personnes: l'une est plus publique, l'autre plus domestique: l'une concerne plus ce qui est au dehors de l'homme, l'autre ce qui procède du dedans: l'une les événements et l'autre les conseils. (*Aux Lecteurs*)

Au moins n'ont-ils à rendre compte que d'une vérité empruntée, en signalant leurs sources et l'origine de leurs informations. L'essayiste, qui récuse le modèle de la chronique et des «mémoires» au prétexte qu'il déteste une narration étendue, jouit d'une entière liberté:

> Moi qui suis Roi de la matière que je traite, et qui n'en dois compte à personne... (III. VIII. 943),

et peut accommoder sa matière à sa force. Une liberté étroitement limitée, cependant, par l'entière responsabilité d'une part, par le souci de l'utilité de l'autre.

Ce dernier argument, topos de l'écriture humaniste, pourra surprendre un lecteur de bonne foi qui a vu l'avis *Au Lecteur* récuser les notions de profit et d'agrément, et qui sera averti ensuite que les essais sont «instruisables, non instruisants».

Le paradigme de l'*utilité* et du *service* ouvre et clôt la séquence. Non sans ambiguïté. Certes, à l'ouverture:

---

[11] *Au lecteur, op. cit.* p. 1012.

> les témoignages /.../ *y servent*
> un tour, duquel je suis *utilement* advisé par ce récit
> Je le vois et en fais *mon profit*
> je prends à *me servir*,

l'utile a sans doute une connotation plus «technique» qu'éthique: les témoignages fabuleux servent le dessein de l'essayiste, sont utiles au dessein de l'anthropologue. Mais à la clôture, la connotation éthique de l'utile est évidente lorsqu'il s'agit de présenter les exemples de Plutarque, des exemples pédagogiques, dont il se soucierait seulement «qu'ils soient *utiles à la postérité*, et présentés d'un lustre qui nous éclaire *à la vertu.*»

Celui qui déclare si volontiers la vanité de son entreprise, et la frivolité de son «sujet», celui qui prétend ne pas enseigner, mais seulement décrire et raconter, ne renonce pas ici à instruire, à «servir», et affirme la dimension psycho-éthique de son projet, l'étude de nos mœurs et mouvements.

Eloigné de l'historien, l'essayiste, plus proche du théologien et du philosophe, revendique comme eux cette «exquise et exacte conscience et prudence» qui doit précisément leur interdire d'écrire l'histoire, et l'essai se définit pas à pas dans son rapport de ressemblance et de différence avec l'histoire, la philosophie, les *moralia*. Voici une œuvre de conscience, non de science:

> Ma conscience ne falsifie pas un iota, ma science je ne sais.

L'opposition de la science et de la conscience, topos humaniste, rappelle évidemment la belle formule de Rabelais, «Science sans conscience n'est que ruine de l'âme»[12], mais elle prend ici un relief singulier. La science ne désigne pas la connaissance que l'essayiste veut avoir des humaines capacités, mais le savoir transmis par les lectures, par les opinions, par la doxa, une science qui donne pour argent comptant des conjectures, une science conjecturale. Le commandement paradoxe du dieu de Delphes, «Regardez dans vous, reconnaissez-vous, tenez-vous à vous» (III. IX. 1001), exige de substituer au savoir venu d'ailleurs une «science» puisée dans le regard sans complaisance que l'observateur pose sur l'observé.

---

[12] Rabelais, *Pantagruel*, chapitre VIII, in *Œuvres Complètes*, éd. M. Huchon, Bibliothèque de la Pléiade, Gallimard, 1994, p. 245.

L'ESSAI ET LA POÉSIE

Cependant l'acceptation des témoignages fabuleux va bien au delà du souci explicite d'instruction, et l'essayiste ne réduit pas son projet, comme on pourrait le croire, à l'étude des mœurs et mouvements de l'homme. Car un autre modèle d'écriture se profile à l'horizon de l'essai:

> Il y a des auteurs, desquels la fin c'est dire les événements. La mienne, si j'y savais advenir, serait dire sur ce qui peut advenir. (105-106)

Ne soyons pas dupes de la feinte réserve, «si j'y savais advenir», ni de l'énonciation au potentiel! Cet aveu faussement modeste révèle l'ambition de l'essayiste. Car les *auteurs* – des «professionnels» auxquels le gentilhomme écrivant en sa retraite ne saurait ressembler! – qui disent les événements sont évidemment les historiens, les mémorialistes, les chroniqueurs; mais qui se donne pour objet de «dire sur ce qui peut advenir», sinon le poète? On se rappelle – Montaigne se rappelle? – les réflexions de Ronsard, lecteur de la *Poétique* d'Aristote:

> L'Histoire reçoit seulement la chose comme elle est, ou fut, sans déguisure ni fard, et le Poète s'arrête au vraisemblable, à ce qui peut être, et à ce qui est déjà reçu en la commune opinion /.../ J'ose seulement dire /.../ que le Poète qui écrit les choses comme elles sont, ne mérite tant que celui qui les feint, et se recule le plus de l'historien[13].

D'un Ronsard pour qui la poésie, «un folâtre métier», est «pleine de toute honnête liberté»[14], et qui définit ainsi l'invention:

> L'invention n'est autre chose que le bon naturel d'une imagination concevant les idées et formes de toutes choses qui se peuvent imaginer, tant célestes que terrestres, animées ou inanimées, pour après les représenter, décrire et imiter; car tout ainsi que le but de l'orateur est de persuader, ainsi celui du poète est d'imiter, inventer et représenter les choses qui sont, ou qui peuvent être, vraisemblables[15].

Le poète épique, comme le fera Montaigne, prend pour objet le possible, et ne s'astreint pas davantage à «une narration étendue»:

> Il a pour maxime très nécessaire en son art de ne suivre jamais pas à pas la vérité, mais la vraisemblance et le possible; et sur le possible et sur ce

---

[13] Ronsard, *Au Lecteur* (première préface de *La Franciade*), éd. cit. p. 1013.

[14] *Epistre Au Lecteur*, préface des *Trois Livres des Nouvelles Poésies* (1564), éd. cit. p. 987. Cf Montaigne: «la poésie/.../: c'est un art folâtre et subtil...» (III.III. 823).

[15] *Abbrégé de L'Art Poétique François* (1565), éd. cit. p. 1001.

qui se peut faire, il bâtit son ouvrage, laissant la véritable narration aux Historiographes...[16]

S'arrêter à ce qui n'est pas, mais *peut* être, feindre les choses, concevoir les formes de toutes choses qui se peuvent imaginer, représenter les choses qui peuvent être vraisemblables, bâtir son ouvrage sur le possible...: si telle est la définition de la poésie, elle n'est pas si éloignée de l'essai idéal, de l'essai tel qu'il se rêve[17].

La justification qu'avance Ronsard pour défendre la fiction mise en œuvre dans *La Franciade* n'est pas sans ressembler, y compris dans son insolente ardeur, à celle que proposera Montaigne:

> Or/.../ j'ai bâti ma Franciade, sans me soucier si cela est vrai ou non, ou si nos Rois sont Troyens ou Germains, Scythes ou Arabes, si Francus est venu en France ou non, *car il y pouvait venir, me servant du possible*, et non de la vérité. (*op. cit.* p. 1024, je souligne).

Ronsard et Montaigne, le poète et l'essayiste, revendiquent un même droit à accueillir *ce qui peut être*, à dire le possible même s'il heurte les codes de la vraisemblance. Mais ce *possible* diffère ici et là: pour le poète épique, il s'agit de défendre les droits de la fiction, et plus précisément de la fiction «romanesque», car l'épopée exemplaire, *L'Iliade*, est un «roman»[18]; pour l'essayiste, il s'agit de dire tout l'homme, non seulement ses mœurs et mouvements, mais ses virtualités, le labyrinthe de ses secrets et de ses fantasmes, ses «folles fantaisies», ses folies. Ronsard veut *dire* ce qui peut advenir, Montaigne *dire sur* ce qui peut advenir, ouvrant ainsi l'espace du commentaire, l'activité de discernement, l'essai du jugement. Souhaitant prendre l'ombre avec la proie, il oriente sa description/représentation vers la quête du sens. Il distingue alors implicitement deux ordres de vérité, l'une qui se confond avec la réalité du fait, de l'événement, de la «chose», l'autre qui procède plus épineusement de la «lecture» des accidents, et de la «leçon» que peut en tirer un jugement libéré du poids de la coutume et des opinions.

Ainsi l'ultime séquence du chapitre combine deux représentations bien différentes de l'essai, selon qu'il ressortit à l'enquête anthropologique, l'étude de nos mœurs et mouvements, ou qu'il revendique la liberté de feindre de la poésie.

*   *   *

---

[16] *Au Lecteur Apprentif* (seconde préface de *La Franciade*), éd. cit. p. 1022.
[17] J'ai insisté sur ce point dans *L'écriture de l'essai*, p. 90-114.
[18] «Bref, ce livre est un Roman comme l'Iliade et l'Enéide...» Ronsard, *Au lecteur*, éd. cit. p. 1012.

Le chapitre *De la force de l'imagination* offre un fort bon exemple de la démarche de Montaigne, de la subtilité de ses compositions, même lorsqu'elles paraissent ressortir à la compilation, de ses tactiques d'égarement. On y surprend une fois encore le geste d'apparente dévalorisation; les formules de «modestie», les «excuses», les faiblesses avouées:

> je me recoupe si souvent à faute d'haleine, je n'ai ni composition, ni explication qui vaille, ignorant au delà d'un enfant des phrases et vocables qui servent aux choses plus communes (106),

sont évidemment l'envers d'une ambition non commune, qui se déclare «à demi».

On aura pu aussi observer que l'essayiste se plaît à nous aiguiller sur des pistes de lecture qui se révèlent insuffisantes, voire trompeuses: une réflexion sur la force de l'imagination semble d'abord solliciter une lecture idéologique, si l'on s'en tient à la critique des miracles et enchantements, et mettre en question la croyance religieuse; puis une lecture anthropologique ou philosophique, si l'on considère, comme nous y invite le début de la séquence terminale, que le chapitre traite de «l'étroite couture de l'esprit et du corps s'entre-communiquant leurs fortunes», ou de l'action de l'imagination sur le corps d'autrui.

Même la séquence terminale, qui nous avertit que la réflexion porte désormais sur le genre de l'essai, sur sa matière et sur sa manière, peut encore égarer en laissant croire que l'œuvre aurait pour objet des témoignage fabuleux, qui n'attrapent que l'ombre, et qu'elle s'en contenterait.

Feinte, égarement, si contraires à la bonne foi proclamée, ne sont pourtant pas de simples leurres. La feinte déclare aussi quelque doute, quelque interrogation sur la légitimité et le succès d'une entreprise en effet «hasardeuse»; quant à l'égarement, outre qu'il met à l'épreuve la diligence et la sagacité du lecteur, il dit quelque chose des muances de l'écriture, et du parcours d'une pensée mobile, qui exige en retour même mobilité dans la lecture.

CHAPITRE III

LE DIRE OBLIQUE

J'ouvre les choses plus que je ne les découvre.

Dans une longue et sinueuse séquence du chapitre *De la vanité*, où l'écrivain médite sur son écriture, après avoir justifié les farcissures et l'errance apparente où il s'égare «plutôt par licence que par mégarde», une errance rapportée au vagabondage de l'esprit et du style, après avoir défendu l'absence de liaison et de couture, il revendique le droit à l'embrouillure:

> Puisque je ne puis arrêter l'attention du lecteur par le poids, *manco male* s'il advient que je l'arrête par mon embrouillure /... /ils concluront la profondeur de mon sens par l'obscurité, laquelle, à parler en bon escient, je hais bien fort, et l'éviterais si je me savais éviter. (III.IX. 995)

Paroles pleines d'ambiguïté: le motif présenté relève, une fois encore, de l'*excusatio propter infirmitatem*, dont nul ne saurait être dupe – et surtout en un chapitre où l'écriture cherche précisément à valoir par son *poids* et sa *profondeur*, et rêve de vigueur –, tandis que la conséquence prévue met en jeu une figure d'ironie, tant à l'égard des lecteurs confondant obscurité et profondeur qu'à l'égard de soimême; cette obscurité haïe – une addition précise «bien fort» –, il n'est pas très sûr que l'écrivain souhaite l'éviter sans savoir le faire!

Sous l'aveu de faiblesse, comme sous la désinvolture et l'impertinence, le lecteur est appelé à déchiffrer autre chose, la nécessité de l'embrouillure, de l'obscurité, pour dire précisément l'embrouillure et l'obscurité d'une matière et d'une manière qui requièrent une vigilante attention. Une insertion postérieure à l'édition de 1588 revient alors à la composition de l'essai, et justifie le choix en faveur de chapitres «plus longs, qui requièrent de la proposition et du loisir assigné», et s'assurent ainsi un lecteur attentif.

Mais cette réflexion qui semble s'organiser autour de la problématique de la lecture, et justifier certains traits de la poétique déconcertante de l'essai par le seul souci d'être bien lu, d'être lu intelligemment, attentivement, et généreusement, en écartant toute autre préoccupation:

> En telle occupation, à qui on ne veut donner une seule heure on ne veut rien donner. Et ne fait on rien pour celui pour qui on ne fait qu'autre chose faisant,

s'oriente soudain, par une de ces muances que Montaigne admire en Platon, vers une autre défense de l'embrouillure, rapportée alors, plus décisivement, à une nécessité intime:

> Joint qu'à l'aventure ai-je quelque obligation particulière à ne dire qu'à demi, à dire confusément, à dire discordamment.

Voici que la formule semble faire précisément écho à celle qui définit le «style» de l'oracle prophétique:

> Nul esprit généreux ne s'arrête en soi /.../; son aliment, c'est admiration, chasse, ambiguïté. Ce que déclarait assez Apollo, parlant toujours à nous doublement, obscurément et obliquement... (III. XIII. 1068)

Dire *à demi*, parler *obliquement;* dire *confusément*, parler *obscurément*; dire *discordamment*, parler *doublement.* Le rapprochement des deux mini-séquences permet de voir que ce «style» renvoie, non à la faiblesse, mais à la force de la pensée, à la puissance d'un «esprit généreux» qui «va outre ses forces», et que le parler obscur, le dire oblique, veulent faire aller aussi l'auditeur ou le lecteur «outre ses forces», l'«amusant et embesognant».

L'insertion de cette séquence dans le chapitre *De la vanité* s'achève cependant sans satisfaire la curiosité: quelle est la nature de cette *obligation particulière*[1] pesant sur une parole qui se veut libre?

Ailleurs dans les *Essais*, l'obligation concerne au contraire l'aveu et ses modalités particulières, l'audace de l'expression en la confession, la nécessité de dire naïvement, de dire librement. S'obliger à dire tout, c'est répondre à une contrainte née du projet lui-même, de ce dessein extravagant de se prendre soi-même «pour argument et pour sujet»:

> Au reste, *je me suis ordonné* d'oser dire tout ce que j'ose faire./.../ *Qui s'obligerait* à tout dire, *s'obligerait* à ne rien faire de ce qu'on *est contraint* de taire./.../ *Il faut* voir son vice et l'étudier pour le redire. (III. V. 845)

Le lexique de l'obligation et de la contrainte constelle le champ de la liberté, du choix, de la licence. S'il est vrai qu'il n'y a «point de prescription sur les choses volontaires» (III.V. 889), ici la volonté elle-

---

[1] Une obligation particulière est à la fois une obligation spéciale, et celle qui pèse sur un particulier, sur un individu.

même prescrit la liberté de la parole et proscrit l'omission. Qui alors contraint de taire? La révérence publique, le bon usage, la honte, la «virginale pudeur» moquée ailleurs:

> Mes défauts s'y liront au vif, et ma forme naïve, autant que la révérence publique me l'a permis. (*Au Lecteur*)

Mais l'obligation *particulière* est pourtant d'un autre ordre; elle exerce une tout autre contrainte sur celui qui se dit, s'écrit, lui intimant l'ordre de préserver sa part de secret, qui motive le recul instinctif devant la mise à nu, sous le regard du grand juge qui «ne se feint point à nous voir partout, jusques à nos intimes et plus secrètes ordures» (III. V. 888).

Le méta-discours de l'essai oscille ainsi d'une obligation à l'autre, de la contrainte librement acceptée qui exige de tout dire, à la consigne de silence que réclame le moi intime. Faute de découvrir une réalité qui échappe, reste à l'ouvrir:

> J'ouvre les choses plus que je ne les découvre. (II.XII. 501)

Faute d'ouvrir la parole, reste à l'entrouvrir. Mais pour ouvrir, ou même entrouvrir, il faut parfois consentir à couvrir. De l'ouverture à l'entrouverture, ou à la couverture, le trajet difficile dit le conflit entre la volonté de s'exprimer et celle de plaire, entre le désir de se dire sans déguisement et la crainte du déshabillage.

DIRE CONFUSÉMENT...

A première vue, l'aveu de confusion peut sembler une déclaration de faiblesse. Car le lexique de la confusion est marqué dans les *Essais* d'une connotation péjorative: dire ou agir *confusément*, c'est manquer d'ordre, mêler plusieurs considérations, sans rien spécifier ni distinguer; ainsi la médecine égyptienne, spécialisée, avait raison d'attribuer «à chaque partie du corps, son ouvrier, car elle en était plus proprement et moins confusément traitée de ce qu'on ne regardait qu'à elle spécialement.» (II. XXXVII. 774)

La confusion se caractérise en effet par le mélange, et les deux termes sont souvent associés, dans leur opposition à la distinction et à la division:

> Partout où il y a compagnie, le hasard y est *confus et mêlé*. (II.XXVII. 696)
> De tout cet amas ayant fait une mixtion de breuvage, n'est-ce pas quelque espèce de rêverie d'espérer que ces vertus s'aillent divisant et triant de cette *confusion et mélange...*? (II. XXXVII. 774)
> il n'y a jamais faute d'apparence en *un mélange si confus*. (III. XII. 1044)

Le paradigme de la confusion se... confond dans le lexique des *Essais* avec ceux du mélange et de l'indistinction, du trouble et de l'irrésolu, de l'indécis/indécidable, du douteux, de la variété et diversité (mauvaises); à l'appui de la démolition de la raison, le philosophe sceptique ne manque pas de dénoncer «la confusion infinie d'avis et de sentences que produit cette belle raison humaine» (II. XII.540), «cette infinie confusion d'opinions qui se voit entre les philosophes mêmes» (562), cette «confusion extrême de jugements» qui naît d'une science / *le droit* / «si infinie, dépendant de l'autorité de tant d'opinions» (582), «cette confusion venteuse de bruits de rapports et opinions vulgaires» (II.XVI. 624).

La voix du philosophe moral fait aussi entendre la désolante confusion qui marque la condition de l'homme: «Nous ne goûtons rien de pur» dit le titre-sentence du chapitre XX du livre II.

La confusion, le mélange sont en effet saisis également dans leur relation d'opposition avec *le pur* (ce qui est sans mélange, sans partage), comme des marques de faiblesse et d'imperfection:

> La faiblesse de notre condition fait que les choses, en leur simplicité et pureté naturelle, ne puissent pas tomber en notre usage./.../ Des plaisirs et biens que nous avons, il n'en est aucun exempt de quelque mélange de mal et d'incommodité./.../ Nature nous découvre cette confusion: les peintres tiennent que les mouvements et plis du visage qui servent au pleurer, servent aussi au rire... (II. XX. 674)

Ainsi, tandis que, en sa librairie, l'écrivain-lecteur jouit d'une «domination pure» (III.III. 828), il ne dispose plus que d'une autorité «confuse» lorsqu'il entre dans la «communauté et conjugale, et filiale, et civile»!

La voix du sceptique rappelle que l'homme «en tout et par tout, n'est que rapiècement et bigarrure» (II.XX. 675), mélange, mixture:

> Et crains que Platon en sa plus haute vertu /.../ s'il y eût écouté de près, il y eût senti quelque ton gauche de mixtion humaine, mais ton obscur et sensible seulement à soi. (674).

Nos opinions sont confuses, toute doctrine est confuse, à la fois en soi, comme celle de Socrate lui-même:

> Xénophon rapporte un pareil trouble de la discipline de Socrate: tantôt qu'il ne se faut enquérir de la forme de Dieu, et puis il lui fait établir que le Soleil est Dieu, et l'âme Dieu; qu'il n'y en a qu'un, et puis qu'il y en a plusieurs. (II. XII. 515),

et dans les interprétations qu'elle suscite, marquées toujours par l'irrésolution et la contradiction.

Voilà la confusion, le confus, le confusément, dévalués, marqués du sceau du mépris, comme ce qui caractérise la bassesse de notre condition, la faiblesse de notre raison. Lorsque Montaigne déclare qu'il doit écrire *confusément*, le premier geste est donc de dévalorisation de l'écriture et de sa matière, et de désolation. Cependant une réévaluation du confus[2] s'opère, non point en dépit du discrédit qui le marque, mais parce qu'il est précisément la marque de l'humaine condition, où biens et maux sont «consubstantiels à notre vie»:

> Notre être ne peut sans ce mélange. (III. XIII.1090)

Il y aurait alors quelque fausseté, voire quelque danger, à refuser de le reconnaître et de l'accepter:

> Les lois mêmes de la justice ne peuvent subsister sans quelque mélange d'injustice. /.../ Il est pareillement vrai que, pour l'usage de la vie et service du commerce public, il y peut avoir de l'excès en la pureté et perspicacité de nos esprits./.../ Il les faut appesantir et émousser pour les rendre plus obéissants à l'exemple et à la pratique, et les épaissir et obscurcir pour les proportionner à cette vie ténébreuse et terrestre. (II. XX. 675)

Accompagnée de la critique de la «pureté», la réhabilitation paradoxale du confus, du mélange, fondée sur un constat pessimiste, conduit à accepter aussi la confusion dans l'écriture de l'essai.

La singulière obligation à dire confusément pourrait être commandée par l'exigence de discrétion et de réserve. Certes la discrétion verbale n'est pas louable en soi:

> Chacun est discret en la confession, on le devait / *devrait* / être en l'action (III. V. 845),

mais excusable. Mais surtout, la parole confuse, mêlée, contradictoire, a chance d'être plus authentique que la fausse rigueur ou l'excessive «pureté» d'une sentence énoncée avec autorité.

Car ce que l'anthropologue-psychologue se fait un devoir de dire sur nos mœurs et conditions, comme sur lui-même, ce que lui découvre l'introspection, se révèle confus en soi; de cet être si confus (métis, mélangé) aux yeux des autres et à ses propres yeux, il ne saurait parler que confusément, dans le «mélange» et «l'embrouillure»:

---

[2] Cf Pascal, sensible à cette stratégie de la confusion: «De la confusion de Montaigne, qu'il avait bien senti le défaut d'une droite méthode. Qu'il l'évitait en sautant de sujet en sujet, qu'il cherchait le bon air»; et ailleurs: «J'écrirai ici mes pensées sans ordre et non pas peut-être dans une confusion sans dessein» (*Pensées*, éd. Lafuma, Le Seuil, 1963, p. 321 et p. 263).

> Je n'ai rien à dire de moi, entièrement, simplement, et solidement, *sans confusion et sans mélange*, ni en un mot. (II. I. 335)

Dire confusément, c'est dire dans le mélange, non point nécessairement obscurément, mais nécessairement de façon complexe, compliquée, diversement, c'est-à-dire contradictoirement.

L'être métissé et ambigu que découvre l'auto-analyse en plongeant dans le labyrinthe («fangeux» comme dira Rousseau), suscite une description elle-même marquée par l'ambiguïté, par la confusion. Comme Apollon en ses oracles sybillins, l'auto(bio)graphe parle nécessairement confusément, doublement, et discordamment, parce que l'objet qu'il découvre en le décrivant est lui-même confus, double, contradictoire:

> Mais nous sommes, je ne sais comment, doubles en nous-mêmes, qui fait que ce que nous croyons, nous ne le croyons pas, et ne nous pouvons défaire de ce que nous condamnons. (II. XVI. 619)

Pour représenter cet être double, métis et ambigu, seuls conviennent l'ambiguïté des oracles delphiques, «le parler obscur, ambigu et fantastique du jargon prophétique» (I. XII.44), ou le discours pyrrhonien «ambigu», «sans inclination ni approbation d'une part ou d'autre», justifié en ce que «la chose» elle-même est en soi «ambiguë» (II. XII. 503). Dire *confusément* ne ressortit pas seulement pas à une stratégie, ne répond pas seulement à un dessein, comme le dira Pascal, mais répond à une nécessité impérieuse, à un désir d'authenticité.

DIRE À DEMI...

Lorsqu'il est interdit de taire, de se taire, au nom d'une obligation que l'on s'est fixée librement à soi-même, et qu'il est interdit pourtant de dire tout, par manque d'audace, ou pour préserver sa part d'intimité, reste, pour respecter l'engagement, la voie oblique. Observant que ses «fantaisies se suivent, mais parfois c'est de loin, et se regardent, mais d'une vue oblique» (III. IX.994), Montaigne, aimant les «gaillardes escapades» d'un Platon ou d'un Plutarque, s'octroie le droit de «dénoter seulement» la matière «par quelque marque». La cérémonie des aveux obéit au même protocole de la désignation indirecte:

> Tant y a qu'en ces mémoires, si on y regarde, on trouvera que j'ai tout dit, ou tout désigné. (*ibid.* 983)

Il choisit de dire tout, mais de le dire à demi, selon la voie oblique:

Ce que je ne puis exprimer, je le montre au doigt. *(ibid.)*

Comme l'observe F. Gray, Montaigne «confie parfois à la citation le rôle de dissimuler ce qu'il ne voulait ou n'osait dire en français»[3] : celui qui ose non seulement parler du sexe et de la sexualité,
mais de sa sexualité et de son sexe, confie par le biais des citations
latines à autrui, et à une autre langue, le soin d'avouer ses défaillances et la lésion énormissime qui l'affecte.

Les goûts esthétiques, d'ailleurs, confirment le choix du dire oblique. L'amoureux de la poésie plaide en faveur d'une peinture qui,
comme celle de Virgile ou de Lucrèce, dit à demi :

> Les vers de ces deux poètes, traitant ainsi réservéement et discrètement
> de la lasciveté comme ils font, me semblent la découvrir et éclairer de
> plus près. Les dames couvrent leur sein d'un réseu / *réseau*/, les prêtres
> plusieurs choses sacrées; les peintres ombragent leur ouvrage, pour lui
> donner plus de lustre. /.../ Mais il y a certaines autres choses qu'on cache
> pour les montrer. (III. V. 880)

Le choix de la réserve et du secret, qui peut surprendre en un
chapitre qui plaide pour l'ouverture et la découverte, l'éloge du couvert et des ombres :

> L'amour des Espagnols et des Italiens, plus respectueuse et craintive,
> plus mineuse et *couverte*, me plaît *(ibid.)*,

se font paradoxalement au profit du découvert, du lustre, de la
lumière. Car la discrétion et la réserve peuvent être plus «lascives»
que la crudité et l'ouverture :

> Oyez cettui-là /*Ovide* / plus ouvert,
> *Et nudam pressi corpus adusque meum*
> il me semble qu'il me chaponne. *(ibid.)*

Couvrir pour découvrir... La loi qui gouverne l'amour et la poésie érotique est aussi celle qui règle l'ouverture de la parole, de
l'aveu ; entre ouverture et couverture s'ouvre la voie de l'entrouvert :

> Celui qui dit tout, il nous saoule et nous dégoûte; celui qui craint à s'ex-
> primer nous achemine à en penser plus qu'il n'en y a. Il y a de la trahi-
> son en cette sorte de modestie, et notamment nous entrouvrant, comme
> font ceux-ci, une si belle route à l'imagination. Et l'action et la peinture
> doivent sentir le larcin. *(ibid.)*

---

[3] F. Gray, *Montaigne bilingue, op. cit.*, p. 77.

En amour (l'action), en poésie (la peinture), la trahison, le larcin, sont de beaux gestes, qui n'ouvrent pas, mais entrouvrent si belle route à l'imagination! Les grâces «ont une beauté délicate et cachée; il faut la vue nette et bien purgée pour découvrir cette secrète lumière» (III.XII.1037). Le caché, le secret, suggèrent plus qu'ils ne disent. Et Montaigne, lecteur attentif de Cicéron et de Quintilien, s'attache à la figure la plus *suggestive* selon eux, la *significatio*, le dire allusif, lorsque le discours en dit plus que les mots qui le composent. Lorsque les paroles en effet «signifient *plus* qu'elles ne disent» (III.V.873); c'est l'exacte définition de la figure de signification, l'*emphasis*, chez Quintilien[4]:

> ... *altera (...)* plus *significat quam dicit. (Inst.Or.* VIII.3.83)
> l'une des deux espèces (de signification) signifie plus qu'elle ne dit.

La signification va *au delà de l'expression,* et se caractérise par un *plus:*

> ... *et* plus *ad intellegendum quam dixeris, significatio.* (Cic.*De Or.* III.202)
> la figure de signification consiste à donner à comprendre (à laisser entendre) plus qu'on n'en dit.
> *Significatio saepe erit* major *quam oratio.* (*Or.* 139)
> Souvent la signification dépassera l'expression. (trad.A.Yon)

Les définitions de la rhétorique latine soulignent la qualité propre de cette figure, décisivement marquée par l'ambiguïté du dire:

> *Significatio est res quae plus in suspicione relinquit quam positum est in oratione. Ea fit per exsuperationem, ambiguum, consequentiam, abscisionem, similitudinem.* (*Ad Herennium,* V.67)
> La signification (trad.G.Achard: *l'allusion*) est une chose (une figure) qui laisse plus à soupçonner que ce qui est exprimé dans le discours[5]. Elle se réalise par la voie de l'hyperbole, de l'ambiguïté, de la conséquence, de la réticence, de la comparaison.

La *significatio* fait comprendre *plus* qu'on ne saurait dire par les mots, elle suggère et insinue; Quintilien déclare toute proche de la *significatio* la figure de l'insinuation, la *suspicatio*, qui fait entendre

---

[4] Quintilien nomme *emphasis* (> grec *emphaino*: montrer, mettre en lumière) la figure nommée aussi en latin *significatio*. Le grec a l'avantage de désigner l'opération de mise en lumière; mais on ne saurait en français calquer le grec, car l'*emphasis* n'est pas l'emphase, l'accentuation, mais au contraire la litote, la suppression, l'omission, qui cachent pour montrer.

[5] Cf Montaigne, calquant la formule: «Celui qui craint à s'exprimer nous achemine à en penser plus qu'il n'en y a.» (III. V. 880)

autre chose que ce qu'on dit, ce qu'on ne dit pas (*quod non dicimus*), non pas le contraire, comme dans la figure de l'ironie, mais quelque chose de latent (*aliud latens*), que l'auditeur aura en quelque sorte à découvrir, à trouver (*auditori quasi inveniendum*) (IX.2.65). Aussi exige-t-elle la collaboration de l'auditeur, qui doit être ingénieux – et «soupçonneux»! –, et trouver du sens (*invenire*) à ce que le locuteur tait ou dissimule:

> *Sinit enim quiddam tacito oratore ipsum oratorem* suspicari. (*Ad Herennium*, IV.67)

La *significatio* dévoile en voilant, elle met au jour du dissimulé:

> *Est emphasis etiam inter figuras, cum ex aliquo dicto latens aliquid eruitur, ut apud Vergilium...* (Quintilien, *Inst. Or.*, IX.2.64).
> L'emphase compte aussi parmi les figures, lorsque d'une phrase donnée sort un sens caché; ainsi chez Virgile... (trad. J. Cousin)

Le verbe *eruere* (tirer en fouillant, extraire, déterrer, mettre au jour) montre bien qu'il s'agit de faire passer de l'ombre à la lumière un sens caché, enfoui dans les ténèbres. Et la figure s'offre comme une énigme, dont il faut «découvrir» la signification latente, en tentant d'expliciter l'implicite.

Elle fait surgir à la lumière quelque chose de caché, une *res obscura*, quelque chose de *latens*:

> *Arguta enim significatio est, cum parva re et saepe verbo res obscura et latens inlustratur.* (Cicéron *De Or.* II. 268)
> ... *cum ex aliquo dicto latens aliquid eruitur* (Quintilien IX.2.64); *aliud latens* (Quintilien IX.2. 65)

Figure du *dire à demi*, du *dire oblique*, où la signifiance dépasse la signification, elle donne à entendre plus qu'elle ne dit, et se rapproche ainsi de la figure de *dissimulatio*.

Suggérant par la voie de l'insinuation, ne donnant pas seulement à entendre, mais à saisir un surcroît de signification:

> ...*non ut intellegatur, sed ut plus intellegatur,*

elle invite le lecteur à engager une opération de sémiôsis, à s'attacher au procès de signifiance.

Elle dit à mots couverts, confusément, et l'implicite est plus riche de sens que l'explicite; car elle dit aussi ce qu'elle ne dit pas, produisant un *altiorem sensum*, un sens plus profond, un «plus haut sens»:

> *altiorem praebens intellectum quam quem verba per se ipsa declarant.* (Quintilien, VIII.3. 83).

Cette figure en effet met en pleine lumière ce qu'elle cache, elle recourt au *latent*, au dissimulé, pour mieux éclairer. D'une certaine manière toute la réflexion de Montaigne sur la poésie et sur le discours oblique est un commentaire de la poétique propre à la rhétorique. Il lui revient cependant d'avoir étendu l'analyse de la *significatio* à la poétique de l'essai, et à l'écriture idéale, une écriture de l'entrouverture, seule apte à exprimer l'entrouverture de la parole, une écriture de la suggestion:

> Et combien y ai-je épandu d'histoires qui ne disent mot, lesquelles qui voudra éplucher un peu ingénieusement, en produira infinis Essais (...). Elles portent souvent, hors de mon propos, la semence d'une matière plus riche et plus hardie, et sonnent à gauche un ton plus délicat, et pour moi qui n'en veux exprimer davantage, et pour ceux qui rencontreront mon air. (I. XL. 251)

Ces histoires qui «sonnent à gauche un ton plus délicat» font écho à ce «ton gauche de mixtion humaine» que Platon eût pu sentir en lui s'il s'était écouté de près: si la gauche représente conventionnellement le «mauvais» côté, en particulier dans le déchiffrage des signes pratiqué par les augures, il désigne ici le côté oblique, par opposition à la voie droite, à la voie directe, le «bon» côté, moins visible, mais plus riche de sens.

Un discours oblique, sonnant à gauche un ton plus délicat, réfléchit ici sur ses détours et ses ruses, un discours «latens», sinon *obscurus*, justifie ses ombres et son embrouillure. L'obligation particulière ne doit pas grand chose au seul respect des convenances, au seul souci des bienséances, mais procède d'une exigence interne: c'est bien encore cet *aliud latens* que Montaigne tente de révéler en le voilant, cet obscur objet du désir qui ne se dit qu'à demi, qui ne se dit que confusément, parce qu'il n'est perçu par la conscience que dans le demi-jour. Tandis qu'est revendiqué le droit au secret, là où *dire* clairement devient impossible, reste à désigner, à montrer du doigt...

En matière si obscure, l'éclair de la *significatio* illumine cette parole qui ne peut dire qu'à demi ce qu'elle ne sait pas qu'elle sait.

DIRE DISCORDAMMENT...

La discordance est d'abord le constat que fait, que doit bien faire, l'observateur de nos mœurs et conditions; ici parle le philosophe, l'anthropologue... L'homme est un tissu de contradictions, en proie au conflit des volontés et des désirs:

> Car pour la comprendre toute en un mot,dit un ancien, et pour embras-
> ser en une toutes les règles de notre vie, c'est vouloir et ne vouloir pas,
> toujours, même chose (II.I. 332)

Après saint Paul, saint Augustin avait mis en lumière cette discordance intime qui provoque une dissipation / *dissipatio* / du sujet:

> *Ego eram qui volebam, ego, qui nolebam; ego ego eram. Nec plene vole-*
> *bam, nec plene nolebam. Ideo mecum contendebam et dissipabar a me*
> *ipso, et ipsa dissipatio me invito quidem fiebat. (Confessions VIII.X.22.*
> / C'était moi qui voulais, moi qui ne voulais pas; moi, c'était bien moi.
> Ni je ne voulais vraiment, ni je ne m'abstenais de vouloir. De là vient
> que je luttais avec moi-même, et que je me dispersais hors de moi même,
> et cette dispersion/ *dissipation* / même se produisait malgré moi.

Appuyant la réflexion du philosophe, l'auto-analyste découvre
en lui aussi un être contradictoire:

> Je donne à mon âme tantôt un visage, tantôt un autre, selon le côté où
> je la couche(...) Toutes les contrariétés s'y trouvent selon quelque tour et
> en quelque façon. Honteux, insolent; / C /chaste, luxurieux; /B/ bavard,
> taciturne; laborieux, délicat; ingénieux, hébété; chagrin, débonnaire;
> menteur, véritable... (II. I. 335)

Sans nulle constance:

> je me désavoue sans cesse; et me sens partout flotter et fléchir de fai-
> blesse. (II.XVII. 635).

Voyant le monde et lui-même d'une vue *trouble* dès qu'il l'applique à un objet particulier:

> J'ai la vue assez claire et réglée; mais à l'ouvrer, elle se trouble.

Mais la voix qui se fait entendre pour dire la discordance est non
seulement celle de l'auto-analyste qui découvre en lui un sujet divisé,
mais aussi celle de l'écrivain qui tente une écriture divisée, pour
décrire une existence discordante comme l'harmonie du monde:

> Notre vie est composée, comme l'harmonie du monde, de choses
> contraires, aussi de divers tons, doux et âpres, aigus et plats, mols et
> graves. Le musicien qui n'en aimerait que les uns, que voudrait-il dire?
> Il faut qu'il s'en sache servir en commun et les mêler... (III. XIII. 1089)

Aussi ne peut-il parler, comme Apollon, que contradictoirement et «doublement». Le «style nubileux et douteux» des Sibylles
(II.XII. 586) a du reste ses avantages, attirant les lecteurs par un parler
obscur et divers, les incitant à en exprimer «quantité de formes» ...
    Comment d'ailleurs décrire au plus près ce «monstre» que l'in-
trospection découvre, sinon par une écriture elle-même monstrueuse?

UNE ÉCRITURE DU TROUBLE ET DE LA DIVISION

C'est précisément sur de telles difficultés que les *Essais* mettent l'accent, et les «petites phrases» où se disent les déceptions de l'écrivain, son embarras, voire son échec, sont d'autant plus remarquables que dans les premiers chapitres l'entreprise n'était déclarée extravagante que dans la mesure où elle contredisait les codes de bonne conduite, de bienséance et de convenance.

Tout se passe comme si, au fur et à mesure que se poursuit l'inlassable et interminable activité d'écriture:

> Qui ne voit que j'ai pris une route par laquelle, sans cesse et sans travail, j'irai autant qu'il y aura d'encre et de papier au monde? (III.IX. 945),

l'écrivain découvrait d'autres interdits, d'autres résistances, bien plus difficiles à surmonter que celles que suscite le seul souci de la révérence publique, et de la décence.

Des résistances internes, d'abord, car le déshabillage, la mise à nu souhaitée, ne vont pas sans terreur; terreur d'être vu, terreur d'être privé d'une part de secret:

> Ce sont ombrages, de quoi nous nous plâtrons et entrepayons; mais nous n'en payons pas, ainçois en rechargeons notre dette envers ce grand juge qui trousse nos panneaux et haillons d'autour nos parties honteuses, et ne se feint point à nous voir partout, jusques à nos intimes et plus secrètes ordures. Utile décence de notre virginale pudeur, si elle lui pouvait interdire cette découverte! (III. V. 888).

Des résistances de l'écriture, ensuite, encore plus désolantes peut-être, car l'écrivain sent quelque impuissance à dévoiler cet arrière-pays qu'il parcourt en songe, et que le langage se révèle trop pauvre pour découvrir.

Au début, tout est simple ou paraît simple:

> Et puis, me trouvant entièrement dépourvu et vide de toute autre matière, je me suis présenté moi-même à moi, pour argument et pour sujet. (II.VIII. 385)

Entre *je*, initiateur de la démarche singulière, *moi-même*, argument et sujet d'un livre qui prétend n'avoir d'autre matière – plus *ipse* que *idem* –, et *moi*, destinataire d'une présentation, appelé à peindre: quelles relations? Intimité ou conflit? Si çà et là l'entreprise, toute singulière qu'elle est, semble d'abord n'offrir aucune difficulté insurmontable – ainsi dans le chapitre «De la ressemblance des enfants aux pères» (II. XXXVII)-, elle se révèle vite «épineuse» et bute sur des obstacles imprévus.

«Je me pare sans cesse, car je me décris sans cesse»: celui qui déclare n'avoir d'autre ambition que de représenter dans son livre «ce même port et ce même air» que Mme de Duras a vus en sa conversation, celui qui souhaite parler au papier comme il parle au premier qu'il rencontre, découvre assez vite que la vive représentation souhaitée – «Me représenté-je pas au vif? Suffit!» –, le portrait au vif, donnant l'illusion de la vérité, c'est-à-dire de la réalité, ne saurait s'affranchir des règles de l'art, et que le langage des essais, pour mimer l'allure d'un libre dialogue, à sauts et à gambades, ou le caractère décousu d'une conversation amicale, même lorsqu'il s'oralise ou tente de s'oraliser, ne saurait cependant répudier les artifices de la rhétorique, qui ne s'oppose à la vérité et au naturel... que par artifice rhétorique.

Si le *moi* s'offre au regard de *je* présentateur dans son incohérence[6], dans son instabilité, dans ses intimes contradictions, si bien qu'il échappe à la prise:

> Je ne puis assurer mon objet. Il va trouble et chancelant, d'une ivresse naturelle... (III.II.805),

l'écriture doit bien avouer ses limites lorsqu'elle tente d'enregistrer les chimères et monstres fantasques, d'enroller les songes du veillant. Elle ne peut alors que dire à demi, dire confusément, dire discordamment.

A côté de ce geste si insistant de dévalorisation, quelques étonnantes déclarations suggèrent le risque d'échec. Par trois fois, Montaigne s'interroge sur la résistance de l'écriture, sur son inaptitude à restituer la matière la plus intéressante de l'essai, les plus profondes rêveries, les pensées non-pensées que l'essayiste tente de mettre au jour:

> Mais mon âme me déplaît de ce qu'elle produit ordinairement ses plus profondes rêveries, plus folles et qui me plaisent le mieux, à l'improuvu et lorsque je les cherche moins; lesquelles s'évanouissent soudain/.../ Il m'en advient comme de mes songes: en songeant, je les recommande à ma mémoire (car je songe volontiers que je songe), mais le lendemain je me représente bien leur couleur comme elle était, ou gaie, ou triste, ou étrange; mais quels ils étaient au reste, plus j'ahane à le trouver, plus je l'enfonce en l'oubliance. Aussi de ces discours fortuites qui me tombent en fantasie, il ne m'en reste en mémoire qu'*une vaine image*, autant seulement qu'il m'en faut pour me faire ronger et dépiter après leur quête, inutilement. (III.V. 876-7)

---

6 Voir J.Y. Pouilloux, «La forme maîtresse» in *Montaigne et la question de l'homme*, dir. par M.L. Demonet, PUF, 1999, p. 39-41.

L'écrivain qui médite sur l'arrière-pays qu'il entrevoit, d'une vue *trouble* et en nuage, comme est *trouble* et chancelante la démarche d'ivrogne du scrutateur, se modelant sur celle du sujet, met l'accent sur les limites que rencontre l'écriture du moi:

> Quant aux facultés naturelles qui sont en moi, dequoi c'est ici l'essai, je les sens fléchir sous la charge. Mes conceptions et mon jugement ne marche qu'à tâtons, chancelant, bronchant et chopant; et quand je suis allé le plus avant que je puis, si ne me suis-je aucunement satisfait: je vois encore du pays au delà, mais *d'une vue trouble* et en nuage, que je ne puis démêler. (I. XXVI. 146)

Car l'essayiste ne se contente bientôt plus de décrire ses mœurs et conditions, ses humeurs et ses jugements, il lui faut prendre en compte aussi les fantasmes et les rêveries, les songes, les fantaisies et les discours fortuites produits par l'imagination lorsqu'elle se libère de la raison trouble-fête pour accueillir les folies. Méditant sur le rapport de la façon – dépréciée – et de la matière – revalorisée comme «forte», il porte sur ses «ouvrages» un regard critique, qui dit aussi l'ambition du projet:

> J'ai toujours une idée en l'âme, et certaine image trouble, qui me représente comme en songe une meilleure forme que celle que j'ai mis(e) en besogne, mais je ne la puis saisir et exploiter. Et cette idée même n'est que du moyen étage. (II.XVII. 637)

Dans ces trois mini-séquences insistent deux motifs, celui du trouble et du vain qui marquent les représentations perçues comme privilégiées: une vaine image, certaine image trouble, d'une vue trouble; celui de l'impuissance reconnue à les restituer dans l'écriture: «je ne puis», «inutilement»; se déclarent ainsi l'ambition du projet et son originalité: l'*excusatio propter infirmitatem* perd son caractère rhétorique et doit être prise au sérieux.

La problématique du sujet – d'un sujet saisi dans le conflit des instances, le moi, le surmoi, le ça, toujours pris entre deux volontés, entre deux désirs, et dans les replis du ténébreux labyrinthe, où fait si cruellement défaut le fil d'Ariane –, engage alors une problématique de l'écriture: se représenter «au vif» amène le scripteur à essayer aussi un «style» auquel le fameux naturel, la bien aimée naïveté, ne suffisent plus. A «inventer» un langage qui n'est pas prêt à l'emploi, mais aura à redéfinir son lexique et sa syntaxe.
Son lexique, car il faut bien nettoyer le dictionnaire intellectualiste de la philosophie morale, trop rigoureux, et corriger par une nuance d'indétermination ce que le vocabulaire des sciences nomme

trop sèchement «idée», par exemple; c'est le travail qu'opèrent les additions manuscrites:

> J'ai toujours une idée en l'âme *et certaine image trouble*, qui me repré-sente *comme en songe* une meilleure forme que celle que j'ai mis(e) en besogne, mais je ne la puis saisir et exploiter. (II. XVII. 637; en italiques les additions postérieures à l'éd.de 1588)

Paradoxalement c'est en donnant du flou, du vague, que les additions précisent ce que la première rédaction avait d'imprécis par excès de précision: *image* corrige *idée*, *trouble* désigne la qualité d'une représentation incertaine, tandis que l'adjectif *certaine* souligne les contours...incertains de cette représentation mentale.

Sa syntaxe, car le refus de la couture et de la liaison, le style à sauts et à gambades, l'écriture à pièces décousues, les muances, seront seuls aptes à suivre le mouvement désordonné de la rêverie et les vagabondages de la conscience, qui est toujours conscience de, pure intentionalité. «Mon style et mon esprit vont vagabondant de même» (III. IX. 994): le vagabondage, l'errance, l'extravagance, hors des sentiers balisés par la philosophie morale, exigent en effet la soumission des «lois de grammaire» à l'usage particulier d'un discours hors normes.

La problématique de l'écriture, modifiée par le nouveau modèle de subjectivité qui s'élabore alors, modifie à son tour la problématique du sujet. Voici qu'il se découvre non seulement transformé, solidifié, devenu «corps solide appelé à durer» comme le livre qui le porte, mais altéré, ayant perdu quelque chose qu'il ne saurait définir avec exactitude dans l'acte d'écrire et de s'écrire:

> Mais, quant tout est conté/ *compté*/, on ne parle jamais de soi sans perte. (III.VIII. 922)

Comme le récit de rêve, le récit de vie enregistre toujours un déficit. Et Montaigne nous avertit que, à la différence de ce qu'il croyait, ici le peintre ne dispose pas d'un modèle qui prendrait la pose pour lui permettre de le peindre au vif; et que, à la différence de l'auto-portrait, l'autographie ne peut enregistrer que des visages successifs, car le sujet ne cesse de bouger:

> Je ne vise ici qu'à découvrir moi-même, qui serai par aventure autre demain, si nouveau apprentissage me change. (I.XXVI. 148).

Et elle doit non seulement peindre la mutation, mais aussi prendre en compte cette construction qui s'élabore dans l'écriture:

> Ici nous allons conformément et tout d'un train, mon livre et moi. (III. II. 806)

Le *moi* écrit, seul «corps solide», est autre que le *je* écrivant, auquel il échappe. Il ne se reconnaît pas lui-même en ces écrits auxquels il confiait pourtant la quête d'identification:

> En mes écrits mêmes, je ne retrouve pas toujours l'air de ma première imagination: je ne sais ce que j'ai voulu dire... (II.XII p. 566)

> Ceci m'advient aussi: que je ne me trouve pas où je me cherche; et me trouve plus par rencontre que par l'inquisition de mon jugement. J'aurai élancé quelque subtilité en écrivant (...); je l'ai si bien perdue que je ne sais ce que j'ai voulu dire... (I.X.40)

L'écriture garde trace d'un moi perdu. Mais lorsque le livre est consubstantiel à son auteur – à son auteur, non à l'homme – qu'en est-il précisément de l'homme? Métamorphosé en auteur, ne perd-il pas quelque chose de lui? Comment entendre l'assertion:

> Il me vient parfois quelque considération de ne trahir l'histoire de ma vie (III.IX. 980)?

Est-ce là le fruit des confessions?[7] ou au contraire l'aveu d'une dépossession? L'histoire de ma vie, ma vie mise en discours, ne régit-elle pas, alors, la vie?

*   *   *

Pour dire la dialectique de l'ouverture et de la couverture, plusieurs voix parlent simultanément dans la confusion, le mélange: celle de l'auto-portraitiste, celle du critique littéraire, celle du philosophe sceptique et du moraliste/ psychologue.

La voix de l'auto(bio)graphe, partagée entre nécessité de dire et nécessité de taire, choisit de dire à demi.

La voix du critique médite sur une sorte d'obscurité liée au pouvoir de suggestion, préférant l'allusion, la voie oblique, à la peinture crue.

La voix du philosophe déclare que «nous sommes nés à quêter la vérité», non à la posséder, et qu'il convient de découvrir l'homme, de le mettre à nu, tout en sachant que les profondeurs opaques de ses replis internes échappent au regard le plus lucide.

---

[7]   Cf saint Augustin: «Hic est fructus confessionum mearum, non qualis fuerim, sed *qualis sim.*» (*Confessions* X.IV. 6) et Montaigne: «Mais, quel que je me fasse connaître, pourvu que je me fasse connaître *tel que je suis*, je fais mon effet.» (II. XVII. 653).

La voix du moraliste et du psychologue dénonce les tentatives de couverture, opposant le visage ouvert, le visage découvert, au visage couvert; et condamne fermement le céler:

> Ceux qui /.../ cèlent / *leur vice* / à autrui, le cèlent ordinairement ordinairement à eux-mêmes. Et ne le tiennent pas pour assez couvert, s'ils le voient; ils le soustraient et déguisent à leur propre conscience. (III. V. 845)

Ces voix sont-elles discordantes? Certes: leur point de vue diffère, et leur position implique un autre accent, une autre tonalité. Mais en fin de compte les voix s'unissent pour déclarer le charme de la confusion, du mélange, puisque nous ne goûtons rien de pur, et que l'harmonie du monde est composée de contraires.

Dire à demi, dire confusément, dire discordamment: la parole double, obscure, oblique, «sauve» en effet une entreprise qui fait peser sur l'extravagant projet une double obligation contradictoire, tout dire et ne pas tout dire; la peinture «de profil» présente cet avantage de permettre l'expression tout en respectant la discrétion et la réserve auxquelles a droit aussi celui qui décide de s'écrire. Mais en même temps l'image même de l'homme, du particulier qui se découvre ici, saisi dans ses intimes contrariétés, dans le conflit des instances, appelle une écriture qui ne privilégie pas la clarté, mais le jeu d'ombres et de lumières et le mélange des tonalités.

CHAPITRE IV

LE GESTE DE DÉVALORISATION

Un sujet si frivole et si vain...: amorcé dès l'ouverture, dès l'impertinente adresse *Au Lecteur,* le geste de dévalorisation des *Essais* ne cesse d'être souligné. Ils n'auraient été entrepris que pour contempler l'ineptie et l'étrangeté de ces chimères et monstres fantasques qu'ils ont pour mission de mettre en rolle: que propose en effet cette «sotte entreprise», dont le sujet s'avère «si vain et si vil», sinon des inepties, des rêveries, des «sottises», «des propos si bas et si frivoles», des «inventions aussi faibles et basses» ?[1]

Montaigne semble ainsi déprécier le projet lui-même, «farouche et extravagant», «si éloigné de l'usage commun», «la folie de / son / dessein», une «bizarrerie» (II.VIII. 385); la bassesse du sujet (II. XVII.653), et de sa visée – dessiner un portrait au vif de l'auteur –; sa matière, des fantaisies informes et irrésolues; sa manière, marquée par le défaut, défaut de science, défaut d'art, défaut de style, «une façon qui n'aide rien à la matière» (*ibid.*637). A l'en croire, d'ailleurs, l'essayiste, qui ne s'est mis en tête que par accident «cette rêverie de / se / mêler d'écrire» (385), n'est pas écrivain et ne veut l'être:

> Mon art et mon industrie ont été employés à me faire valoir moi-même; mes études, à m'apprendre à faire, non pas à écrire. /.../ Je suis moins faiseur de livres que de nulle autre besogne. (II. XXXVII. 784).

On peut certes sourire ou s'indigner de cette tactique de dévaluation, en constatant que, à l'inverse de ce qu'il dit çà et là, Montaigne sait bien l'importance et l'originalité de son œuvre, et qu'il ne manque pas, ailleurs ou dans le même temps, d'en souligner l'ambition et l'intérêt. On peut mettre sur le compte de sa seule insolence ces «petites phrases» piquantes, dont nul lecteur, il le sait, il l'espère, ne sera dupe, et sur le compte de l'honneur du gentilhomme le souci de n'être pas un «auteur», un «professionnel» de l'écriture. Mais

---

[1] Voir respectivement II.VIII.385, II. XXXVII.783 et 784, II. XVII.653, I. XXVI.147.

peut-être est-il plus efficace de prendre au sérieux ce geste, en acceptant d'y voir le souci de revaloriser ce que la doxa dévalorise et, en
même temps, sans doute, l'indice d'une réelle inquiétude: à la crainte
de voir son œuvre mal reçue, mal comprise, s'ajoute la crainte de ne
pas réussir à faire de son livre ce qu'il voudrait qu'il soit.

«Ce qu'on dit, il faut qu'il soit tel qu'on le pense»; certes, lorsque Montaigne prétend écrire des inepties qui n'intéresseraient que
ses parents et amis *post mortem*, et qui n'auraient d'autre ambition
que de le peindre «au vif»:

> car je ne veux tirer de ces écrits sinon qu'ils me représentent à votre
> mémoire au naturel[2],

ce qu'il dit n'est pas tel qu'il le pense; mais c'est ce qu'il pense que
pensent – que risquent de penser – des lecteurs déconcertés par la
nouveauté d'un genre hors genres, et il convient alors de feindre
d'adopter leur point de vue pour le corriger ensuite. Mais c'est aussi,
sans doute, ce qu'il lui arrive de penser lui-même, lorsqu'il découvre
en cours de route les difficultés de l'entreprise, et les obstacles qu'il
lui faudrait franchir pour la réaliser; car à côté des déclarations qui
attestent une démarche assurée, avançant sans faiblir, l'essayiste
ajoute souvent une petite note mélancolique qui dévoile une secrète
inquiétude, une interrogation qui mine l'assurance:

> Tant y a que, sans l'avertissement d'autrui, je vois assez ce peu que tout
> ceci vaut et pèse, et la folie de mon dessein. (II. XVII. 653)

Aussi bien, à côté des irritantes *excusationes propter infirmitatem*, et des hypocrites dévaluations, on entend une voix qui tente
d'exprimer sans feinte et l'ambition de l'écriture et ses apories.
Enviant «le bonheur de ceux qui se savent réjouir et gratifier en leur
besogne», l'écrivain ajoute:

> Mes ouvrages, il s'en faut tant qu'ils me rient, qu'autant de fois que je
> les retâte, autant de fois je m'en dépite. (II. XVII. 636)

La déclaration ici ne manque pas de frapper par son exactitude.
Elle découvre à la fois – et sans fausse modestie – l'ambition du projet, la quête de cette meilleure forme qui mettrait les *Essais* au rang
des chefs d'œuvre du passé; et la déception d'un écrivain qui doit
bien admettre que le langage ordinaire n'est pas prêt à l'emploi, qu'il
lui faut encore inventer une meilleure forme.

---

[2] Dédicace à Madame de Duras, II. XXXVII. 783.

Soucieux de définir aussi précisément que possible la spécificité de sa matière et de sa manière, l'essayiste est conduit à récuser les normes des genres que la Renaissance fait revivre ou qu'elle réélabore, pour découvrir ailleurs que dans le corpus littéraire des modèles de représentation de l'essai. Empruntés à divers codes, tous ces modèles ont en commun d'être résolument impertinents, et ils offrent de surcroît cette curieuse particularité de dévaloriser le genre de l'essai, de rabaisser sa production au statut du déchet, du résidu informe, de l'échantillon sans valeur. Et pourtant chacun de ces représentants, si dérisoire soit-il, dit quelque chose de l'essai, non point peut-être de l'essai tel qu'il est, mais de l'essai tel que le rêve Montaigne... Si bien que la feinte, une fois encore, dit en partie vrai.

DES HERBES SAUVAGES ET INUTILES...

Dès le chapitre VIII du premier livre, *De l'oisiveté*, voici que s'impose une singulière représentation de la production «des esprits» qui n'ont point «de but établi», par le biais d'une comparaison avec les productions anarchiques des terres non cultivées, et des corps féminins non embesognés:

> Comme nous voyons des terres oisives, si elles sont grasses et fertiles, foisonner en cent mille sortes d'herbes sauvages et inutiles, et que, pour les tenir en office, il les faut assujettir et employer à certaines semences, pour notre service; et comme nous voyons que les femmes produisent bien toutes seules, des amas et pièces de chair informes, mais que pour faire une génération bonne et naturelle, il les faut embesogner d'une autre semence: ainsi en est-il des esprits. (I.VIII. 32)

En code botanique comme en code biologique, la figure de similitude réunissant des comparants *a priori* disparates, les terres, les femmes, met au jour le paradigme d'une nature fertile et grasse, qui hors toute culture, sans l'intervention (de la main du jardinier, du sexe de l'homme), enfante de l'inutile, de l'informe.

L'analogie présente sur le modèle de ces productions naturelles le comparé: les esprits oisifs et non embesognés, et plus précisément «mon esprit» laissé par la retraite «en pleine oisiveté», «ne produisent en cette agitation» que folie et rêverie. Sauvages et inutiles, informes, difformes, tels seraient les essais, produits sur le sol fertile de l'oisiveté mélancolique par un esprit qui s'ensemencerait lui-même, «faisant le cheval échappé».

Il vaut sans doute la peine de s'arrêter un instant sur le choix des codes, pris dans une intertextualité masquée, et sur le travail d'appropriation.

Le code horticole, si fréquent dans la littérature latine pour dire le travail de l'écrivain dans l'*inventio* et l'*elocutio*, ou du philosophe dans son activité d'émondage (des passions), renvoie aux *Diverses Leçons* de P. Messie[3], comme l'indique Villey, mais aussi au *Dialogue des Orateurs*:

> *Nam in ingenio quoque sicut in agro, quamquam utiliora serantur et elaborentur, gratiora tamen quae sua sponte nascuntur.* (VI)/ Car dans l'esprit aussi comme dans un champ, bien que soient plantées et cultivées des semences plus utiles, les plus agréables sont pourtant celles qui naissent d'elles-mêmes.
> *sicut indomitus ager habet quasdam herbas laetiores.* (XL.4)/ comme un champ non cultivé produit des herbes plus fertiles.

Cependant l'analogie de l'esprit et du champ conduisait Tacite, opposant l'utile et l'agréable, à louer le charme de ces productions qui naissent *sua sponte*: ici au contraire, au moins en apparence, les *gratiora* sont dévalués par rapport aux *utiliora*. Mais sous la dévaluation, c'est bien à une revalorisation du «spontané» que s'engage Montaigne, à une acceptation de l'auto-genèse: d'une certaine manière le chapitre *De l'oisiveté* se borne à gloser ces formules de Tacite.

Le code biologique a sa principale source chez Plutarque-Amyot, *Les Préceptes de mariage*[4]:

> Il n'y eut jamais femme qui fit enfant *toute seule* sans avoir compagnie de l'homme, mais bien y en a qui font *des amas sans forme* de créature raisonnable, ressemblant à *une pièce de chair*, qui prennent consistance de corruption: il faut bien avoir à l'œil à ce que, *le même n'advienne en l'âme* et en l'entendement de la femme. Car si elles ne reçoivent *d'ailleurs les semences* de bon propos, et que leurs maris ne leur fassent part de quelque saine doctrine, elles seules à part elles engendrent et enfantent plusieurs conseils *étranges*, et plusieurs passions *extravagantes*.

Le travail de réécriture est ici différent: il consiste seulement à déplacer vers les esprits en général, puis vers *mon* esprit, ce que Plutarque disait de l'âme et l'entendement féminins... Dans ce déplacement, reste cependant l'assimilation de l'esprit créateur à une femme, d'un esprit en effet qui n'engendre pas, mais *enfante*, qui «m'enfante tant de monstres et chimères fantasques».

---

[3] *Les diverses leçons de Pierre Messie* (P. Mexia), auxquelles Montaigne fait plusieurs emprunts, ont été traduites par C. Gruget et publiées en 1554, 1557, 1569, 1592.

[4] *Œuvres morales* de Plutarque, traduites du grec par Amyot, éd. cit., tome 15, XLVI p. 30. Je modernise l'orthographe, et je souligne les échos.

La stratégie de ce bref chapitre qui, dès la première composition, propose comme objet d'enquête et d'enregistrement les productions spontanées du moi, les chimères et monstres fantasques qui hantent l'imagination libérée des contraintes de la raison, les extravagances d'un esprit faisant le cheval échappé, vise à renverser les valeurs de la doxa littéraire, en faisant passer subtilement du négatif au positif les emblèmes de la non-valeur. Les herbes sauvages, rebut méprisé d'une production non soumise à la culture, les amas et pièces de chair informes, rebut méprisé du corps féminin non soumis à la semence virile, deviennent paradoxalement le paradigme d'une production hypernaturelle, *sua sponte*; tout pareils à eux, voici les essais, ces déchets méprisés d'un esprit lui aussi gras et fertile, mais qui, lorsqu'il n'est pas soumis à «certain sujet qui /le / bride et contraigne», choisit de s'ensemencer lui-même pour enfanter une production sauvage et monstrueuse, plus naturelle que les pensées raisonnables d'un jugement cultivé.

La métaphore de l'enfantement parcourt le texte à travers diverses images de la «génération», de la «besogne», de la «semence», pour parvenir à cette représentation de l'essai-enfant, qui «ensemencera» d'autres textes.

Les derniers mots feignent encore de dévaloriser le produit, ces folies et rêveries, ces chimères et monstres fantasques qu'enfante l'esprit oisif:

> pour en contempler à mon aise l'ineptie et l'étrangeté, j'ai commencé de les mettre en rolle, espérant avec le temps lui en faire honte à lui-même.

Mais sous la feinte, se déchiffre l'attrait que présente cette production si séduisante, si stimulante. L'apparente dépréciation de l'in-utile et de l'in-forme ne parvient pas à masquer l'entreprise de revalorisation du déchet, du rebut, de ces *gratiora*, en effet, qui s'offrent à l'aise d'une contemplation curieuse.

Matière privilégiée de l'écriture, ces productions incontrôlées d'un moi farouche comme son dessein, ces fantaisies considérées comme «folie» et «rêverie» par la poétique classique, ces vaines formes, comparables aux songes d'un malade, qu'Horace proscrit, comme le rappelle la citation de l'*Art poétique*[5]:

> *velut aegri somnia, vanae*
> *finguntur species,/* comme les songes d'un malade, se forgent de vaines apparences,

---

[5] Vers 7-8, cités avec une légère modification du mode (*finguntur* au lieu de *fingentur*).

s'offrent désormais à la mise en rolle qui les enregistrera sans les alté-
rer, les corriger, les «former», sans chercher à les ensemencer autrement. Le scripteur s'assigne déjà ici une position particulière, celle du
spectateur qui contemple à son aise des images qui surviennent sans
ordre et sans propos, tandis que plus tard il choisira celle de l'auditeur qui se borne à une écoute attentive des voix de la rêverie:

> Aux fins de ranger ma fantaisie à rêver même par quelque ordre et pro-
> jet, et la garder de se perdre et extravaguer au vent, il n'est que de don-
> ner corps et mettre en registre tant de menues pensées qui se présentent
> à elle. J'écoute à mes rêveries par ce que j'ai à les enroller. (*Du démen-
> tir*, II. XVIII. 665)

Du chapitre *De l'oisiveté* au chapitre *Du démentir*, un même
réseau d'images de l'extravagance, un même projet d'*enrollement*
dévolu à l'essai-corps, mais désormais l'enregistrement ne se justifie
plus par des fins d'ordre éthique – faire honte –, mais par la conscience d'une obligation rigoureuse d'ordre et de conservation.

Montaigne partait d'un cas exemplaire de productions entièrement «naturelles» et pourtant a-normales pour figurer ces productions déréglées que l'essai se donnait à consigner en ses «brevets»:
l'anomalie biologique devenait le représentant de l'anomalie générique de l'essai, lui aussi produit «naturellement» et «anormale-
ment», lui aussi producteur de monstres. Au huitième chapitre du
premier livre fait en partie écho le huitième chapitre du second livre,
De l'affection des pères aux enfants, qui ouvre une méditation sur les
deux sortes d'engendrement, engendrer des enfants, engendrer des
écrits. A l'origine, sans doute un souvenir du *Banquet* de Platon,
dont Montaigne admire les dialogues, et plus précisément de la
leçon de Diotime, distinguant ceux dont la fécondité réside dans le
corps, et qui engendrent des enfants, et ceux dont la fécondité réside
dans l'âme (κατὰ τὴν ψυχήν) – car il appartient à l'âme d'être
féconde et d'enfanter (209 a) –, les poètes, les inventeurs, les législa-
teurs. L'écrivain prête particulière attention à la remarque de Diotime, si flatteuse pour celui qui espère une vie posthume de son
«corps solide», les *Essais*:

> Il n'est personne qui n'accepterait d'avoir une telle postérité / des
> *œuvres de l'esprit* /, de préférence à celle de la génération humaine, alors
> que, tournant ses regards vers Homère, vers Hésiode, vers tout autre
> bon poète, il admire avec envie quels descendants ils ont mis au jour et
> laissés après eux...; quels enfants /../ Lycurgue s'est dans Lacédémone
> donnés pour héritiers... (209 d, trad. L. Robin)

Et il la reproduit exactement dans la «question» posée à propos d'Epicure:

> Pensons-nous qu'Epicurus qui, en mourant, tourmenté, comme il dit, des extrêmes douleurs de la colique, avait toute sa consolation en la beauté de sa doctrine qu'il laissait au monde, eût reçu autant de consolation d'un nombre d'enfants bien nés et bien élevés, s'il en eût eu, comme il faisait de la production de ses riches écrits? et que, s'il eût été au choix de laisser après lui un enfant contrefait et mal né, ou un livre sot et inepte, il ne choisît plutôt, et non lui seulement, mais tout homme de pareille suffisance, d'encourir le premier malheur que l'autre?(II. VIII. 401)

L'hypothèse hardie formulée par le recours à l'exemple de saint Augustin souligne alors le caractère sacré des écrits:

> Ce serait à l'aventure impiété en Saint Augustin (pour exemple) si d'un côté on lui proposait d'enterrer ses écrits, dequoi notre religion reçoit un si grand fruit, ou d'enterrer ses enfants, au cas qu'il en eût, s'il n'aimait mieux enterrer ses enfants. *(ibid.)*

et justifie l'audacieuse déclaration:

> Et je ne sais si je n'aimerais pas beaucoup mieux en avoir produit un / *un enfant/*, parfaitement bien formé, de l'accointance des muses, que de l'accointance de ma femme.

L'enfant né d'un commerce spécial, de l'accointance des muses, de l'entretien que l'esprit a avec lui-même, fils favori, plus cher à son père, qui est aussi son enfant, est à la fois son géniteur et son héritier:

> A cettui-ci / les *Essais* /, tel qu'il est, ce que je donne, je le donne purement et irrévocablement, comme on donne aux enfants corporels: ce peu de bien que je lui ai fait, il n'est plus en ma disposition: il peut savoir assez de choses que je ne sais plus, et tenir de moi ce que je n'ai point retenu... (401-2)

Un livre-enfant, un livre-héritier, un livre-père, renversant l'ordre de la génération, fils sans mère, à la fois non naturel et hypernaturel: les essais sont l'exact équivalent, dans l'ordre masculin de l'engendrement, de ces pièces de chair informes qu'enfantent les corps féminins non embesognés. Un monstre produit par un monstre.

GROTESQUES ET CORPS MONSTRUEUX

L'art pictural propose un autre modèle de représentation de l'essai. La peinture grotesque ou crotesque[6] est explicitement convoquée comme exemplaire à l'ouverture du chapitre *De l'amitié* :

> Considérant la conduite de la besogne d'un peintre que j'ai, il m'a pris envie de l'ensuivre. Il choisit le plus bel endroit et milieu de chaque paroi, pour y loger un tableau élabouré de toute sa suffisance ; et, le vide tout autour, il le remplit de grotesques, qui sont peintures fantasques, n'ayant grâce qu'en la variété et étrangeté. Que sont-ce ici aussi, à la vérité, que grotesques et corps monstrueux, rapiécés de divers membres, sans certaine figure, suite ni proportion que fortuite ? *Desinit in piscem mulier formosa superne.*
> Je vais bien jusques à ce second point avec mon peintre, mais je demeure court en l'autre et meilleure partie : car ma suffisance ne va pas si avant que d'oser entreprendre un tableau riche, poli et formé selon l'art. (I. XXVIII. 183)

Cette analyse, dont le ton ironique d'auto-dépréciation ne doit pas masquer le sérieux, appelle plusieurs observations. On notera d'abord l'extrême précision avec laquelle sont décrites, dans la séquence consacrée au comparant comme dans celle qui porte sur le comparé – *ici*, le livre des *Essais* –, les caractéristiques principales de l'esthétique grotesque : la distinction entre le milieu de la paroi murale et le vide à remplir tout autour, des peintures *fantasques,* caractérisées par la *variété et étrangeté,* des *corps monstrueux, rapiécés de divers membres, sans certaine figure, ordre, suite ni proportion.* L'accumulation de désignations négatives (*ne... que, sans, n'ayant ...ni...*) doit signaler, sous l'apparente dévaluation, la revalorisation du négatif, la réévaluation para-doxale (contre la doxa) de ce qui échappe aux normes et aux règles établies de l'art pour constituer un *autre* art, avec d'*autres* règles. La citation latine, empruntée à l'*Art Poétique* d'Horace[7] comme celle du chapitre *De l'oisiveté,* légèrement corrigée pour s'intégrer au texte, disait le refus horatien du monstre hybride dans une poétique «raisonnable» : il est évidemment significatif que Montaigne emprunte l'image en la détour-

---

[6] Je résume ici une communication «Grotesques et corps monstrueux. Anatomie de l'essai», présentée au Colloque de l'Institut finlandais sur le grotesque (novembre 1993) ; les actes prévus n'ont pas été publiés. Sur le grotesque et la querelle des grotesques voir Michel Jeanneret, *Perpetuum mobile, Métamorphoses des corps et des œuvres de Vinci à Montaigne,* Macula, 1999 (p. 123-160).

[7] *ut turpiter/desinat in piscem mulier formosa superne* v. 3-4 / de sorte que hideusement s'achèverait en poisson une femme belle par le haut.

nant, en la faisant passer du pôle négatif, un monstre hideux, au pôle positif, un beau monstre.

On remarquera aussi que cette présentation de la *grottesque* est parfaitement conforme à celle qu'en donnent les spécialistes de l'époque, et notamment Vasari:

> Les grotesques sont une catégorie de peinture libre et cocasse inventée dans l'Antiquité pour orner des surfaces murales où seules des formes en suspension dans l'air pouvaient trouver place. Les artistes y représentaient des difformités monstrueuses créées du caprice de la nature ou de la fantaisie extravagante d'artistes; ils inventaient ces formes en dehors de toute règle, suspendaient à un fil très fin un poids qu'il ne pouvait supporter, transformaient les pattes d'un cheval en feuillage, les jambes d'un homme en pattes de grue, et peignaient ainsi une foule d'espiègleries et d'extravagances. Celui qui avait l'imagination la plus folle passait pour le plus doué. (*De la peinture*)

Et Vasari lui-même, comme l'observe A. Chastel[8], reprend la description critique qu'en fit Vitruve, à l'époque d'Auguste:

> On ne voit plus sur les murs que des monstres au lieu de ces représentations naturelles et vraies; à la place des colonnes, on met des roseaux; les frontons sont remplacés par des espèces de harpons, et coquilles striées avec des feuillages frisés et des volutes légères. On fait des candélabres soutenant de petits édifices du haut desquels s'élèvent, comme s'ils y avaient pris racine, de jeunes tiges à volutes, portant sans raison de petites figures assises. On voit encore des tiges terminées par des fleurs, d'où sortent des demi-figures, les unes avec des visages d'hommes, d'autres avec des têtes d'animaux. Or, ce sont là des choses qui n'existent pas, ne peuvent exister, et n'existeront jamais. Mais ces nouveautés ont tellement prévalu que, par la passivité du jugement, les arts dépérissent. (*De Architectura*, livre VII)

Où l'on voit bien que, dès ses origines romaines, la peinture qui n'est pas encore grotesque entre dans le paradigme du monstrueux, de l'irrationnel, en tant que représentation de l'invraisemblable impossible, produit d'une imagination déréglée...

La vogue du décor «à grotesques» date du début du XVIe siècle, et sa diffusion est rapide – A.Chastel le rappelait[9] – dans la peinture murale, la tapisserie, et les arts graphiques. L'impropriété de la désignation, les grotesques, ou la grottesque, suscite d'ailleurs dès la Renaissance quelques réserves, le mot se bornant à rappeler où furent trouvées ces peintures étranges:

---

[8]   Voir A.Chastel, *La grottesque*, Le Promeneur,1988, p. 32.
[9]   A.Chastel, *ibid.*, p. 12. (Les citations de B.Cellini, de Vasari, et de Vitruve s'y trouvent p. 12, 31, 32.)

> Ces «grottesques» ont reçu leur nom des modernes, du fait que les archéologues les ont découvertes dans les cavernes enterrées de Rome, cavernes qui étaient dans l'Antiquité des salles, étuves, studios, chambres, etc. Ces archéologues les découvraient dans des espaces en forme de cavernes en raison du remblayable du sol qui s'est produit depuis l'Antiquité: ces lieux enfoncés s'appellent à Rome des grottes, d'où le nom *la grottesque*. (B.Cellini, cit. par A. Chastel, p. 12)

Mais le terme a l'avantage de désigner sans ambiguïté selon Vasari *una spezie di pittura licenziosa e ridicola molto*, un type de peinture libre et fort cocasse, des représentations monstrueuses nées des caprices de la nature ou des fantaisies de l'artiste, des folles imaginations marquées par l'étrange et le bizarre, des ornements capricieux ou des tapisseries formant des ornements capricieux. Et il s'est imposé, en dépit de son impropriété, avec son double registre, la fantaisie et le ridicule; l'extravagance en somme, si celle-ci dénote à la fois l'errance et l'erreur, le vagabondage hors des sentiers balisés et un zeste de folie. L'imagination dans son essor, quand sommeille la raison.

Le réseau lexical et sémantique de la séquence introductive fait très précisément écho au chapitre *De l'oisiveté*. Aux peintures fantasques, sans certaine figure, n'ayant ordre, suite ni proportion que fortuite, caractérisées par leur variété et étrangeté, répondent exactement ces chimères et monstres fantasques, sans ordre et sans propos, caractérisés eux aussi par leur ineptie et étrangeté. Ici et là, la fonction des grotesques littéraires – les *Essais* – serait la même que celle des grotesques picturaux: du remplissage! Le vide tout autour de la paroi aurait pour équivalents le vague champ des imaginations, la vacuité d'un esprit oisif. S'ajoute alors une petite note insistante, le refus affiché de l'art, au profit d'une surestimation du naturel:

> ma suffisance ne va pas si avant que d'oser entreprendre un tableau riche, poli et formé selon l'art.

La comparaison est intéressante; de ces grotesques qui remplissent le vide autour d'un tableau fait selon les règles de l'art, l'essai retient *la matière*: le fantastique, le fantasque, le dessin capricieux d'une fantaisie sollicitée par l'étrange et ses muances; et *la manière:* l'absence de figure déterminée (*certaine* figure), le refus de la forme réglée, une conduite confiée à l'improvisation, à la fortune et non à l'art, l'abandon au fortuit et à l'imprémédité. Mais à la différence du peintre qui ne s'autorise les grotesques que comme cadre entourant un tableau élaboré selon les règles de l'art, l'essayiste tient le cadre pour le tableau lui-même... Dans ces deux séquences si aisément superposables, insiste la revalorisation du négatif, de l'in-forme ou du dif-forme, qui devient forme privilégiée, dès lors que l'artiste a choisi de suivre les voies de l'imagination.

Le grotesque comme catégorie esthétique issue de la grotesque s'apparente alors à d'autres formes aberrantes. D'abord au *monstrueux*: est monstre à la Renaissance, selon la définition d'Ambroise Paré, tout ce qui apparaît «outre le cours de Nature», et dont l'*anomal -ie* (l'irrégularité, l'accidenté[10]) est perçue, au prix d'un mauvais découpage des sèmes, comme *a -nom -alie* (absence de règles, absence de lois), hors normes ou sans normes. Mais aussi au *fantastique*, au produit d'une imagination débridée, qui se laisse aller au délire d'inventions non contrôlées par la raison.

Les cent vingt gravures attribuées par leur éditeur à Rabelais, mais sans doute dues à François Desprez[11], représentant des figures grotesques, des êtres difformes, des monstres hybrides, s'intitulent précisément *Les Songes drolatiques de Pantagruel;* l'Avis liminaire *Au Lecteur* invite à trouver dans ces images, dont les «métissages» (M.Jeanneret) rappellent les fantaisies des peintures grotesques, «des inventions tant pour faire crotesques, que pour établir mascarades». Le mouvement d'aller retour est ici significatif, comme l'est l'alliance du grotesque, du monstrueux, et des fantaisies oniriques.

Voilà de quoi s'assurer que le paradigme du grotesque, où se déclinent formes monstrueuses, figures fantastiques, et fantaisies oniriques, est présent à l'horizon du genre de l'essai, et de sa poétique en voie d'élaboration. Dans les deux séquences, la référence aux premiers vers de l'*Art Poétique* d'Horace où se codifie un modèle de classicisme ennemi de l'hybride, du fantastique et du grotesque, déclare de biais un projet anti-horatien, le choix d'une esthétique du caprice et de l'apparente incohérence, d'une écriture discontinue, ouverte aux songes d'un malade.

LES SONGES D'UN MALADE...

Les modes d'activité de la conscience, dans ses phases d'éveil et de sommeil, proposent un autre modèle de représentation des essais, assimilés à des songes:

> tantôt je rêve, tantôt j'enregistre et dicte, en me promenant, mes songes que voici. (*De trois commerces*, III. III. 828)

---

[10] *Omalos*: uni, qui offre une surface égale, mais aussi: égal à soi-même, et ordinaire.

[11] *Les songes drolatiques de Pantagruel* (1565), Ed. / v w a /, La Chaux-de-Fonds, 1989, avec une introduction de Michel Jeanneret (p. I-XL).

Autre geste de dévalorisation: les songes, comme les rêveries, représentent la folie et l'erreur, l'errance et l'extravagance; *rêver* signifie alors extravaguer, errer, se tromper, délirer, et *rêverie* folie, illusion, erreur. Entrant dans le paradigme du vain, du rien – «un songe, une bêtise» –, rangés dans la catégorie des sottises et des inepties, ressortissant à la vanité et à l'ânerie, les essais-songes se donnent encore comme ces folles productions, ces saillies sans intérêt d'une imagination oisive se livrant à ses extravagances.

Mais le geste de dévalorisation s'accompagne de la revalorisation. Dans une séquence du chapitre *Sur des vers de Virgile*, Montaigne accorde encore à l'essai pour matière privilégiée «les plus profondes rêveries, *plus folles*, et qui / *lui* / plaisent le mieux», et il se désole de n'avoir souvent «où les attacher»:

> Il m'en advient comme de mes songes... Aussi de ces discours fortuites qui me tombent en fantaisie, il ne m'en reste en mémoire qu'une vaine image, autant seulement qu'il m'en faut pour me faire ronger et dépiter après leur quête, inutilement. (III. V. 876-7)

Songes et rêveries, prenant leur origine dans les régions obscures de la conscience lorsqu'elle n'est plus sous le contrôle du jugement, résistant aux efforts de la mémoire volontaire, ont certes le statut de vaines images, d'images troubles, excitantes et décevantes. La quête échoue, et tout semble s'achever sur cet *inutilement,* qui sonne le glas des ambitions mortes. Mais elle se poursuit tout de même, et l'essayiste tente encore de saisir «certaine image trouble qui / *lui* / présente *comme en songe* une meilleure forme» (II. XVII. 637).

Dans ce geste qui feint de dévaloriser la matière informe des folles rêveries, se déclare avec exactitude l'ambition du projet singulier. Si les philosophes et les savants n'ont que mépris pour les songes des dormants et les rêveries des veillants, si les poéticiens classiques comme Horace récusent, avec le monstrueux et le fantastique, les chimères et les songes du malade, Montaigne s'attache à réhabiliter l'espace de la nuit et des ombres, tenant les rêves pour moins fous que les pensées raisonnables, et l'espace des rêveries diurnes, plus folles, aux yeux de la doxa, mais moins folles que les opinions du «jugement»:

> Nous veillons dormant, et veillant dormons. Mais notre veiller n'est jamais si éveillé qu'il purge et dissipe bien à point les rêveries, qui sont les songes des veillants, et pires que songes. (II. XII. 596)

DES EXCRÉMENTS D'UN VIEIL ESPRIT...

A l'ouverture du chapitre *De la vanité*, Montaigne recourt à une analogie encore plus impertinente pour définir une nouvelle fois la matière et la façon de son livre:

> Si ai-je vu un gentilhomme qui ne communiquait sa vie que par les opérations de son ventre: vous voyiez chez lui, en montre, un ordre de bassins de sept ou huit jours; c'était son étude, son discours; tout autre propos lui puait. Ce sont ici, un peu plus civilement, des excréments d'un vieil esprit, dur tantôt, tantôt lâche, et toujours indigeste. (III. IX. 946)

Voici que malicieusement le modèle biologique du cycle ingestion/digestion/excrétion devient la métaphore du travail de l'écriture, présenté comme une opération de recyclage des matières! Une opération interminable:

> Et quand serai-je à bout de représenter la continuelle agitation et mutation de mes pensées, en quelque matière qu'elles tombent?

S'il n'est pas ordinaire ni convenable pour une esthétique classique de revaloriser les chimères et monstres fantasques, les grotesques et corps monstrueux, les songes et les folles rêveries, il est encore plus délicat de tenter pareille opération avec les excréments, l'emblème même du rebut, du déchet puant. C'est cependant ce qui est fait ici, avec ce résidu corporel qui est une métamorphose du vivant, un produit entièrement naturel, que la culture veut évacuer, que le bon goût recommande de ne pas voir, ni sentir, ni toucher, cet objet répugnant dont on ne veut rien savoir. Et pourtant, «Et les Rois et les philosophes fientent, et les dames aussi»! (III. XIII. 1085). Et Montaigne ne craint point d'avouer qu'il aime «les pluies et les crottes / *la boue, la fange/* comme les canes» (III. IX. 974).

Celui dont «la vie, obscure et privée, jouit de toute dispense naturelle», et qui revendique l'ingénuité et la liberté, ne craint pas d'assimiler ses pensées à des excréments (Diderot les dira ses catins!). Les excréments du vieil esprit portent trace d'une productivité toute naturelle, refusant les secours de l'art pour n'être redevable qu'au fortuit, qu'à Fortune. Ils entrent alors dans le paradigme de la valeur, d'une valeur tout autre, d'une *valeur ajoutée* par l'esprit travaillant son terroir, son solage, sans vouloir y semer des fleurs étrangères:

> Je m'emploie à faire valoir la vanité même et l'ânerie si elle m'apporte du plaisir. (996)

Faire valoir c'est bien en effet donner valeur à ce qui n'en a pas. Les emblèmes supernuméraires n'ont-ils pas précisément pour fonction de donner «quelque prix particulier à chacune des / *formes* / suivantes par une petite subtilité ambitieuse» (III. IX. 964)? Indigestes comme l'esprit, les excréments sont les effets d'une nature crue:

> Mais est-ce raison que, si particulier en usage, je prétende me rendre public en connaissance? Est-il aussi raison que je produise au monde/…/ des effets de nature crus et simples, et d'une nature encore bien faiblette? (III. II. 805)

Dans son inlassable activité de production/reproduction, de recyclage des matières, de digestion/ excrétion, le corps vivant est le modèle «naturel» de l'essai, ce corps solide durci par l'écriture nerveuse et roide qui métamorphose la boue en or, l'excrément en or.

Grotesque, monstrueux, fantastique, onirique, excrémentiel, divers modèles de représentation entrent en concurrence dans la poétique de l'essai: agricole (les herbes folles), biologique (l'informe, le monstrueux, le difforme, l'excrément), pictural (les grotesques), anthropologique (le songe). Pour dégager du domaine de la non-valeur, où les enferme la doxa, les indices et les emblèmes de la valeur. Le travail d'écriture se donne pour matière privilégiée ce que l'art et la science tiennent pour déchets, et pour forme idéale ce que les poétiques issues d'Horace tiennent pour rebuts, pour les songes d'un malade.

Choisissant malicieusement de tels modèles aussi impertinents, Montaigne se livre évidemment au petit jeu de la provocation qu'il aime tant, goûtant les surprises du discours paradoxe. Mais un tel geste n'est pas que de coquetterie ou d'insolence, et ce n'est pas sans ambition qu'il emprunte aux paradigmes de l'inutilité, de l'informe, du ridicule, du bas, de quoi définir le genre de l'essai: chacune des séries analogiques dévoile l'anatomie de l'essai tel que Montaigne le rêve, comme corps idéal.

Si Montaigne «ment» délibérément en feignant de rabaisser ce qu'il souhaite élever, en feignant de partager l'opinion commune et son mépris du grotesque ou du monstrueux, du songe, du bas corporel et de l'excrément, il ne triche pourtant pas tout à fait lorsqu'il choisit ces modèles *a priori* impertinents, puisqu'il lui faut combattre la doxa avec ses propres armes, et faire découvrir la valeur sous les emblèmes de la non-valeur.

LES DÉCONVENUES DE LA LECTURE

On hésitera à assimiler à un même geste de dévalorisation les étonnantes déclarations qui, on l'a vu, suggèrent le risque d'échec de l'audacieuse entreprise, lorsque Montaigne s'interroge sur la résistance de l'écriture, sur son inaptitude à restituer la matière la plus intéressante de l'essai, les plus profondes rêveries, les pensées non-pensées que l'essayiste tente de mettre au jour. Mais on remarquera aussi quelques déclarations assez ambiguës qui jalonnent l'autocritique des *Essais*. Montaigne ne s'inquiète pas seulement des défaillances de l'écriture, mais de celles de sa propre lecture.

Il lui arrive en effet non seulement d'avoir honte à la relecture de son texte, comme Ovide:

> Mes ouvrages, il s'en faut tant qu'ils me rient, qu'autant de fois que je les retâte, autant de fois je m'en dépite:
> *Cum relego, scripsisse pudet, quia plurima cerno,*
> *Me quoque qui feci judice, digna lini.* (II. XVII.636)[12]

mais de ne pas se reconnaître lui-même dans ce qu'il a écrit, de ne plus savoir ce qu'il a *voulu dire*. Le lecteur a fait l'expérience de quelques accidents significatifs:

> Quand je prends des livres, j'aurai aperçu en tel passage des grâces excellentes et qui auront féru mon âme; qu'une autre fois j'y retombe, j'ai beau le tourner et virer, j'ai beau le plier et le manier, c'est une masse inconnue et informe pour moi. / B/ En mes écrits mêmes, je ne retrouve pas toujours l'air de ma première imagination; *je ne sais ce que j'ai voulu dire*, et m'échaude souvent à corriger et y mettre un nouveau sens, pour avoir perdu le premier, qui valait mieux. (II.XII.566)

Et il s'avise à l'occasion de la résistance de son texte au déchiffrage:

> Ceci m'advient aussi: que je ne me trouve pas où je me cherche; et me trouve plus par rencontre que par l'inquisition de mon jugement. J'aurai élancé quelque petite subtilité en écrivant /.../; je l'ai si bien perdue que *je ne sais ce que j'ai voulu dire*: et l'a l'étranger découverte parfois avant moi. (I.X.40).

Ne plus savoir ce qu'on a voulu dire: est-ce avouer une faiblesse du lecteur ou une faiblesse de l'écrivain? «Laissons toutes ces honnêtetés», dit-il précisément ici même, juste après une formule de

---

[12] «Quand je me relis, j'ai honte de ce que j'ai écrit, car je remarque plusieurs choses / qui, quand moi-même qui les ai écrites les juge, méritent d'être effacées», citation d'Ovide, *Pontiques*, livre I.V. v. 15-16.

modestie: ce qui se déclare dans ces aveux de méconnaissance est à la fois un motif de désolation, et un puissant argument pour stimuler l'écriture en ses subtilités. On est assez loin ici, en effet, de l'*excusatio propter infirmitatem*: ou plutôt l'*infirmitas* avouée du lecteur montre avec éclat le talent du scripteur; car ce que suggèrent ces petites phrases désolées, c'est que le premier sens, «qui valait mieux», était riche d'une subtilité qui ne devait rien à l'inquisition du jugement, mais tout à la première imagination, aux discours fortuites. Aussi bien celui qui ne se reconnaît pas dans ses écrits, qui ne sait plus ce qu'il a voulu dire, a pour prestigieux modèle le poète inspiré, celui-là même qui parle comme la Pythie sous l'emprise physique du dieu, et «verse de furie tout ce qui lui vient en la bouche, comme la gargouille d'une fontaine, /.../ et lui échappe des choses de diverse couleur, de contraire substance et d'un cours rompu.» (III.IX. 995). Diversité, contrariété, ruptures, telles sont aussi les marques de l'écriture de l'essai, qui rivalise avec la poésie. Et l'écrivain rêve de ces «choses» qui «échappent» au poète sous l'emprise de la fureur; à la différence de celles que produit l'inquisition du jugement, elles se révèlent plus subtiles, «échappant» aussi à l'écrivain-lecteur de son propre texte. Lorsque Montaigne ne sait ce qu'il a «voulu dire», lorsqu'il ne retrouve pas l'air de sa première imagination, il dessine son portrait en poète inspiré:

> comme aussi les poètes sont épris souvent d'admiration de leurs propres ouvrages et ne reconnaissent plus la trace par où ils ont passé une si belle carrière. (II. II. 347)

Pontus de Tyard, sous l'habit du Solitaire, mettant en lumière pour Pasithée l'importance de la fureur dans la «Poétique action», que «ni la Fortune, ni l'Art» ne suffisent à conduire, soulignait déjà cet effet de surprise que peut avoir pour le poète en son état rassis[13] la lecture de sa propre poésie:

---

[13] L'état *rassis* ou le sens *rassis*, pour Tyard comme pour Montaigne, caractérise le retour à la froide raison après le délire sacré que provoquent la Muse, l'enthousiasme, ou les «boutées d'un courage élancé hors de son gîte» (II. II. 347); le contraire du sens rassis est le *transir:* écoutant «la bonne, l'excessive, la divine poésie», l'auditeur «s'étonnera, il se transira» (I. XXXVII. 231): «Quant à moi, je ne m'estime point assez fort pour ouïr en sens rassis des vers d'Horace et de Catulle, chantés d'une voix suffisante par une belle et jeune bouche.» (II. XII. 593). La référence à Platon (*Phèdre* 245 b) est commune à P. de Tyard et à Montaigne: «Aussi n'entreprenne témérairement chacun de heurter aux portes de Poésie: car en vain s'en approche et fait ses vers misérablement froids celui, auquel les Muses ne font grâce de leur fureur...» (*Solitaire premier* (1552), éd. S. Baridon (texte de 1587), Droz-Giard, 1950, p. 22); «Et comme Platon dit que pour néant heurte à la porte de poésie un homme rassis...» (II. II. 347).

> Comment donc sans un instinct de divine fureur pourrait le bon Poète
> diversifier son œuvre de tant de fleurs cueillies à propos au florissant
> verger de toutes disciplines? Mais d'où viendrait cela, que le Poète
> admire (si j'ose dire travaille à comprendre) la gravité et le sens de ses
> vers, que l'intervallaire fureur divine lui a dictés, alors que, las, et remis,
> il s'est allenti et retiré du labeur, ainsi que Dieu l'a laissé?[14]

Aussi l'apparent aveu d'impuissance de l'écrivain lecteur de son
propre texte a pour envers la déclaration de puissance: comme le
poète inspiré qui quitte «la maîtrise et prééminence en la parlerie»,
l'écrivain inspiré qui se fie à son imagination est «tout poétique»,
parlant à l'occasion «l'originel langage des dieux»... Où l'on voit en
effet que l'un des modèles à l'horizon des *Essais* est le discours de la
poésie, d'une poésie nerveuse et vigoureuse animée par le *furor*.

Qu'il porte sur la matière des *Essais* ou sur leur manière, le geste
de dévalorisation est évidemment ambigu, et il doit être examiné
avec attention. Tantôt il s'inscrit dans une stratégie de réhabilitation
du bas, du vil, de «l'ânerie» que l'essayiste se donne à «faire valoir»,
ajoutant du prix – le prix de la valeur ajoutée – à ce qui sans lui serait
précisément sans valeur; tantôt il désigne une apparente faiblesse de
l'écrivain-lecteur, qui signale la richesse d'une écriture subtile, «échappant» au contrôle du jugement. S'il y a quelque évidente mauvaise
foi dans ces divers aveux de faiblesse ou d'impuissance, dans cette
dépréciation d'un texte présenté comme un tissu d'inepties sans
intérêt, qui ne vaudrait que par sa bizarrerie et son étrangeté, il faut
aussi y voir le souci de justifier un genre hors normes, un genre qui
exhibe orgueilleusement ses anomalies, une inquiétude quant au succès d'un tel projet, si «extravagant», et une revendication d'originalité dont on s'accordera à penser qu'elle est pleinement justifiée.

---

[14] P. de Tyard, éd. cit., p. 26.

CHAPITRE V

UN PARLER SIMPLE ET NAÏF

Dans la réflexion à pièces décousues qu'il ne cesse guère de poursuivre sur le style des écrivains qu'il aime et sur son propre style, Montaigne reprend avec insistance le motif de la bien-aimée simplicité ou naïveté, qui ne devrait rien au travail et à la contrainte, à l'art et à l'artifice, tout à l'inné. Il affirme son goût d'un parler simple et naïf:

> Le parler que j'aime, c'est un parler *simple et naïf*, tel sur le papier qu'à la bouche; un parler succulent et nerveux, court et serré, non tant délicat et peigné comme véhément et brusque... (I.XXVI. 171),

d'un langage d'une naïve simplicité, comme celui de l'historien Philippe de Commines, dont la «narration» est «pure»:

> Vous y trouverez le langage doux et agréable, d'une *naïve simplicité* (II. X. 419).

Il rêve d'une écriture dont les grâces seraient elles-mêmes simples et naïves, à l'image de la naturelle condition, qui tiendrait plus sûrement «les règles de notre conduite» (II. XII.460).

Comme l'annonçait l'avis *Au lecteur*:

> Je veux qu'on m'y voie en ma façon *simple*, naturelle et ordinaire...

cette «naïveté» seule conviendrait en effet à son objet, la description d'une forme naïve:

> Comme à faire, à *dire* aussi, je suis *tout simplement* ma forme *naturelle*. (II. XVII. 638)

Quiconque a fait l'expérience d'une lecture minutieuse d'un essai, voire d'une séquence, sait bien pourtant que l'écriture de Montaigne, même si elle mime en effet le naturel d'une parole vive[1], et

---

[1] Voir sur ce point les stimulantes analyses de M. Jeanneret, «L'écriture comme parole», in *The French Renaissance Mind, Esprit créateur*, XVI-4,1976 (p. 78-

son jaillissement improvisé, même si elle veut rendre les accents de
la voix et ses inflexions, et l'humeur capricieuse d'un esprit vagabondant, n'a rien du style «négligé» et «nonchalant de l'art» qu'il
prétend mettre en œuvre; mais si une fois encore le séducteur nous
leurre en nous laissant croire à la négligence et à la nonchalance, il
ne laisse pas de dire par là l'idéal du style des *Essais*, et les traits singuliers d'un langage qui veut accueillir aussi le charme des discours
fortuites, et tente d'inventer, avec son lexique et sa syntaxe, une
«façon» qui soit en effet au plus près de sa forme naturelle.

STYLE ET ÉCRITURE

Lorsqu'il s'agit de définir sa manière, Montaigne, comme ses
contemporains, n'emploie du reste guère le terme de style[2], qui
désigne plutôt, dans son acception courante, l'usage ordinaire d'une
collectivité, une manière de faire, des habitudes, et, notamment dans
le stéréotype «suivant le style de...», ou «au style de...», des coutu-
mes propres à une communauté:

> ... Mahomet second, se voulant défaire de son frère, pour la jalousie de
> la domination *suivant le style* de leur race, y employa l'un de ses offi-
> ciers, qui le suffoqua... (III.I.798)

ou aux règles d'une organisation sociale ou politique:

> comme on lui présenta / *à Néron* / à signer, *suivant le style*, la sentence
> d'un homme condamné... (II. I. 332)[3]

La notion fait référence aux traits spécifiques d'une écriture col-
lective, d'une écriture rituelle, à un usage particulier du discours
propre à certaines institutions, comme par exemple l'institution judiciaire:

> Le style à Rome portait que cela même qu'un témoin déposait pour
> l'avoir vu de ses yeux, et ce qu'un juge ordonnait de sa plus certaine

---

94); voir aussi L.D. Kritzman, «la vocalisation de l'écriture», in *Destruction/
découverte. Le fonctionnement de la rhétorique dans les Essais de Montaigne*,
French Forum, Publishers, 1980, p. 208-212.

[2]   Dans *Les Essais,* selon la *Concordance* établie par R. Leake, 29 occurrences, dont
deux au pluriel.

[3]   Au pluriel *les styles* désignent toujours les usages et manières:
«car autant de maisons, autant de divers styles et formes» (III.V. p. 884).
«la santé, la conscience, l'autorité, la science /.../ se dépouillent à l'entrée, et reçoi-
vent de l'âme nouvelle vêture /.../ car elles n'ont pas vérifié en commun leurs
styles en règles et formes.» (I.L. p. 302)

science, était conçu en cette forme de parler: Il me semble. (III. XI. 1030)

Le style est un mode d'écriture propre à un genre codifié, littéraire ou non littéraire; c'est ainsi que Montaigne peut parler du style des historiens (I.XVII 73), du style de la théologie (I.LVI.323), ou du style des narrations; quand il dit par exemple: «il n'est rien si contraire à mon style qu'une narration étendue» (I. XXI. 105), le *style* signifie la forme d'écrire qui convient au genre de l'essai, par opposition aux genres narratifs comme l'histoire ou la chronique.

Le style définit les caractéristiques d'un type de discours, d'une forme d'écrire, et plus précisément les modalités de l'énonciation: décrivant la forme d'écrire «douteuse en substance» des philosophes grecs, dont le dessein est, comme le sien, «enquérant plutôt qu'instruisant», Montaigne précise que pourtant ils «entresèment leur style de cadences dogmatistes» (II. XII. 509); quand Platon fait le législateur, «il emprunte un style régentant et assévérant», alors que «où il écrit selon soi, il ne prescrit rien à certes» (512): le style est un vêtement d'emprunt, par opposition à l'écriture, propre à l'individu; c'est ainsi encore que devins et sibylles donnent l'exemple d'un style «nubileux et douteux» (II. XII.586), tandis que les esprits dogmatiques dont Montaigne hait l'arrogance «importune et querelleuse» régentent «au style qu'on établit les religions et les lois» (III. XIII. 1075). Le style est un système de normes propre à un genre, une utilisation réglée du discours; il caractérise les traits formels d'un genre littéraire; soit d'un grand genre: ainsi le style «élevé» est la marque de l'épique; soit d'un petit genre: l'ode selon Du Bellay a «son vrai et naturel style» chez Ronsard; la pitoyable élégie, chez Ovide, Tibulle et Properce, a «un style coulant et non scabreux»[4].

La notion moderne de style, l'appropriation de la langue par un usage individuel, s'exprime alors plutôt par les termes d'*écriture*, de *manière* ou *façon d'écrire*, ou encore *manière* ou *façon de dire*, ou *de parler*[5]. Ronsard commentant son changement de «style» – l'abandon d'un niveau de langue pour un autre, le passage du «haut style» au «style bas» des *Continuations,* – se plaint qu'on l'accuse de se démentir, «*parlant* trop bassement»: le *langage,* ou le *parler* désignent indifféremment ce que nous appelons le style, oral ou écrit.

---

4 Du Bellay, Seconde préface de *L'Olive,* éd. Chamard, Nizet, 1982, p. 12; *Deffence et Illustration de la langue Françoyse,* éd. Chamard, Didier, 1961, p. 111.
5 C'est ainsi que, présentant ses nouvelles compositions dans le *Recueil des nouvelles poésies* (1564), «toutes différentes de style et d'argument» des précédentes, Ronsard évoque sa «mutation d'écriture» (*Épitre au lecteur*).

Style et langage, style et parler sont parfois cependant associés dans les *Essais* comme quasi-synonymes:

> Et à ce propos, à la lecture des histoires/.../, j'ai accoutumé de considérer qui en sont les écrivains: si ce sont personnes qui ne fassent autre profession que de lettres, j'en apprends principalement le style et le langage... (I. XVII.73).

> Quand j'entreprendrai de suivre cet autre style aequable, uni et ordonné, je n'y saurais advenir /.../ et si mon inclination me porte plus à l'imitation du parler de Sénèque, je ne laisse pas d'estimer davantage celui de Plutarque. (II. XVII. 638)

Ils sont alors saisis dans leur opposition avec la matière, et le sens:

> Je sais bien, quand j'oy quelqu'un qui s'arrête *au langage* des Essais, que j'aimerais mieux qu'il s'en tût. Ce n'est pas tant élever les mots, comme c'est déprimer *le sens*, d'autant plus piquamment que plus obliquement. Si suis-je trompé, si guère d'autres donnent plus à prendre *en la matière*, et, comment que ce soit, mal ou bien, si nul écrivain l'a semée ni guère plus matérielle ni au moins plus drue en son papier. (I. XL. 251).

Les mots, le langage, bref le style, ne doivent pas masquer l'importance de la matière, d'une substance qui signifie plus que les mots. C'est encore la distinction du style et de la matière qui fonde l'appréciation critique de Lucain:

> J'aime aussi Lucain, et le pratique volontiers: non tant pour son style, car il se laisse trop aller à cette affectation de pointes et subtilités de son temps, que pour sa valeur propre et vérité de ses opinions et jugements. (II. X. 411).

Certaines caractéristiques de l'*elocutio*, les grâces et la mignardise, ne sont pas des faits de style, mais des traits du langage individuel, qui ressortissent aux dons personnels, et à la richesse de l'invention, elle-même produite, comme le soulignait Ronsard, par une belle imagination:

> Quant au bon Térence, la mignardise et les grâces du langage Latin, je le trouve admirable à représenter au vif les mouvements de l'âme et la condition de nos mœurs. Je ne le puis lire si souvent, que je n'y trouve quelque beauté et grâce nouvelle. (II. X. 411)

Les grâces ou la grâce désignent la caractéristique personnelle du style – au sens moderne du mot –, le propre de l'écrivain, sa façon de s'approprier la langue, en un geste où fond et forme se confondent:

> ...les plus grands maîtres, et Xénophon et Platon, on les voit souvent se relâcher à cette basse façon, et populaire, de dire et traiter les choses, la soutenant des grâces qui ne leur manquent jamais. (II. XVII. 638)

> Ce qui les fait ainsi se charger de matière / *les imitateurs modernes des comédies anciennes* /, c'est la défiance qu'ils ont de se pouvoir soutenir de leurs propres grâces. (II. X. 411)

Suivant l'héritage rhétorique qui s'interroge sur le partage entre l'acquis et l'inné, les théories de la Renaissance réfléchissent à leur tour sur l'importance respective des dons, et du travail ou de l'apprentissage, de la culture ou de l'érudition, ces pré-requis auxquels s'ajoutera, en ce qui concerne la poésie, le *furor* de la divine inspiration. Les grâces naïves, qui relèvent du don, s'opposent aux qualités acquises par le travail, et Montaigne les privilégie, en un geste impertinent de refus de l'apprentissage:

> car je priserais bien autant des grâces toutes miennes et naïves que celles que j'aurais été mendier et quêter de l'apprentissage. (II. XII. 460).

Associées au naturel d'une bonne imagination, et à la simplicité, elles s'opposent à l'art et à l'artifice du style:

> Nous n'apercevons les grâces que pointues, bouffies et enflées d'artifice. Celles qui coulent sous la naïveté et la simplicité échappent aisément à une vue grossière comme est la nôtre: elles ont une beauté délicate et cachée; il faut la vue nette et bien purgée pour découvrir cette secrète lumière. Est pas la naïveté, selon nous, germaine à la sottise, et qualité de reproche? (III. XII. 1037)

La naïveté, encore associée à la simplicité, marque de la nature, d'une nature que la doctrine risque de déguiser, n'est confondue avec la sottise que par la doxa critique, privilégiant à tort les artifices des «sciences»:

> La poésie populaire et purement naturelle a des naïvetés et grâces par où elle se compare à la principale beauté de la poésie parfaite selon l'art; comme il se voit és villanelles de Gascogne et aux chansons qu'on nous rapporte des nations qui n'ont connaissance d'aucune science, ni même d'écriture. (I. LIV. 313)

Style et écriture se distinguent donc, comme chez Barthes, mais à l'inverse des définitions modernes: le style ne caractérise pas la *maniera* propre à un écrivain, sa marque personnelle, son geste d'appropriation de la langue, ce qui est le plus individuel, la «transmutation d'une Humeur» – tout ce que connote le terme de *parler* ou de *langage* –, mais ce que Barthes appelle l'écriture, «un acte de solidarité historique», et plus précisément les stéréotypes langagiers, les habitudes, les usages, les codes génériques. En revanche, le verbe *écrire*, souvent modalisé par un adverbe, porte habituellement les connotations de notre «style»:

Quand j'écris *hautement*, il ne veut pas me lire,
Quand j'écris *bassement*, il ne fait qu'en médire. (Ronsard, s. I des *Continuations*)

Ce que les poéticiens nomment alors le «vrai et naturel style» – par exemple celui de l'ode ou de l'élégie, comme les définit Du Bellay – n'est pas... un style vrai et naturel, mais une façon de s'exprimer qui convient au genre et à la matière, à l'objet de la mimèsis; c'est ainsi d'ailleurs qu'Aubigné justifie la violence de ton des *Tragiques*:

Ce siècle, autre en ses mœurs, demande un autre style. (A. d'Aubigné, *Les Tragiques*, II. v. 77)

Le style «vrai» est celui qui est conforme à la représentation que se fait la doxa de l'objet représenté; le style «naturel» ne désigne nullement une façon d'écrire qui répudierait l'art et l'artifice au profit de la «naïveté» et de la simplicité, mais un style qui convient à l'essence du genre, telle que la définissent la tradition et la doxa:

Ceux qui voudront considérer le style des Cicéroniens ou autres, ne trouveront étrange la ressemblance qu'ont ou pourront avoir les poèmes français, si chacun s'efforce d'écrire par imitation des étrangers. Tous arts & sciences ont leurs termes naturels. Tous métiers ont leurs propres outils[6].

Bien que nature et naïveté soient synonymes, on distinguera donc le «naturel style» de l'écriture dite naïve, du «naïvement écrire».

NAÏVEMENT ÉCRIRE, SIMPLEMENT ÉCRIRE...
LA «NATURE» CONTRE LE «STYLE»

Lorsque Montaigne déclare son goût d'une écriture simple et naïve, il semble faire écho au poète des *Regrets*:

J'écris *naïvement*... (Du Bellay, *Les Regrets*, s. XXI)
Je me contenterai de *simplement* écrire (*ibid.* s.IV)

C'est dans le contexte d'une éthique et d'une esthétique valorisant la «simplesse» naturelle et dévalorisant la doctrine (la science, l'art) que se définit le «style» recherché, simple, naïf, naturel: cette définition s'inscrit dans un réseau codé d'oppositions qui, dans le droit fil des analyses rhétoriques, reproduisent le débat sur les parts respectives de l'inné et de l'acquis, de la nature et de la culture ou de

---

6   Du Bellay, Seconde préface de *L'Olive*, éd. cit., p. 21.

l'art. A la valorisation de la «nature» dans l'ensemble de ses manifestations, répond la dévalorisation de l'art et de l'artifice, dans l'ensemble de leurs domaines.

Cette naïveté et cette simplicité tant louées ne sont pas associées
dans les *Essais* au mot *style*, mais aux verbes quasiment synonymes
écrire ou *dire*, ou à leurs équivalents, *le parler, le discours, le langage,*
ou *la forme :*

> Comme à faire, à *dire* aussi, je suis *tout simplement* ma forme *naturelle.*
> (II. XVII.638)
> Gallus *parle simplement*, parce qu'il conçoit simplement. (III. V. 873)

Où l'on voit encore que *dire* ou *parler* connotent notre notion
de style comme transmutation d'une humeur, comme expression
d'une forme naturelle, d'un tempérament individuel. La naïveté
consiste à calquer le naturel, «à représenter au vif les mouvements
de l'âme», comme Térence : la «vive représentation» est cette forme
de mimèsis qui donne l'illusion du vrai, c'est-à-dire du réel, vérité et
réalité étant le plus souvent confondues.

Simple et *naïf* sont associés comme manifestations du *naturel,*
de l'inné, qui ne devrait rien à l'art ni au travail, de ce qu'on a *de soi,*
de ce qui se soutient de ses propres grâces (II. X. 411); et ce réseau
codé d'oppositions rhétoriques structure dans les *Essais* la définition de la bonne écriture comme celle de la bonne pensée, de la
bonne philosophie, de la bonne morale, louées comme l'est la «simplesse naturelle» des personnes populaires (I.XIV. 51) :

> A les juger par l'utilité et par la vérité *naïve*, les leçons de la *simplicité* ne
> cèdent guère à celles que nous prêche la doctrine au contraire./.../ Nous
> n'aurons pas faute de bons régents, interprètes de la *simplicité naturelle.*
> (II. XII.1052)

A qui entend, si on l'en croit, se faire voir en sa «façon simple,
naturelle et ordinaire, sans contention et artifice», et donner à lire sa
«forme naïve» (*Au lecteur*), convient ce que Montaigne appelle un
langage – et que nous appellerions un style – d'une naïve simplicité,
refusant l'art et l'effort. En matière d'écriture, comme le montre la
poésie, l'affectation, la recherche, le déguisement s'opposent au
bien-aimé naturel :

> ...je vois que les bons et anciens Poètes ont évité *l'affectation et la*
> *recherche*, non seulement des fantastiques élévations Espagnoles et
> Pétrarquistes, mais des pointes mêmes plus douces et plus retenues, qui
> sont l'ornement de tous les ouvrages Poétiques des siècles suivants. (II.
> X. 412)

L'affectation est une forme de déguisement, masquant le défaut d'invention:

> Ils sont / *les écrivains de ce siècle* / assez hardis et dédaigneux pour ne suivre la route commune; mais faute d'invention et de discrétion les perd. Il ne s'y voit qu'une misérable *affectation* d'étrangeté, des *déguisements* froids et absurdes... (III. V. 873-74)

L'écriture naïve, récusant l'affectation, vise à reproduire un parler «non tant délicat et peigné comme véhément et brusque, /.../ éloigné d'affectation, déréglé, décousu et hardi» (I. XXVI. 172); elle prend précisément pour modèle de représentation l'accoutrement vestimentaire nonchalant de l'art (insoucieux de l'art), qui refuse les parements étrangers:

> J'ai volontiers imité cette débauche qui se voit en notre jeunesse, au port de leurs vêtements: un manteau en écharpe, la cape sur une épaule, un bas mal tendu, qui représente une fierté dédaigneuse de ces parements étrangers, et *nonchalante de l'art*. Mais je la trouve encore mieux employée en la forme du parler. Toute affectation, nommément en la gaieté et liberté française, est mésavenante au courtisan/.../ Parquoi nous faisons bien de gauchir un peu sur *le naïf* et méprisant./.../ *Comme aux accoutrements* c'est pusillanimité de se vouloir marquer par quelque façon particulière et inusitée: *de même, au langage,* la recherche des phrases nouvelles et de mots peu connus vient d'une ambition puérile et pédantesque. Puissé-je ne me servir que de ceux qui servent aux halles à Paris! /.../ La force et les nerfs ne s'empruntent point; les atours et le manteau s'emprunte. (I. XXVI.172)

La nonchalance est en effet privilégiée comme signe du naturel, d'un naturel récusant la contrainte, et acceptant l'imprémédité:

> et me suis vu quelque jour en peine de céler la servitude en laquelle j'étais entravé, là où mon dessein est de représenter en parlant une profonde nonchalance et des mouvements fortuites et imprémédités, comme naissant des occasions présentes. (III.IX. 963)

La métaphore vestimentaire souligne régulièrement l'opposition entre le déguisement et l'authentique:

> On se met souvent sottement en pourpoint pour ne sauter pas mieux qu'en saie. (*ibid.*)

Et elle s'inscrit dans la thématique globale de la couverture et de la découverte (de la nature):

> Ce sont ombrages de quoi nous nous plâtrons et entrepayons; mais nous n'en payons pas, ainçois en rechargeons notre dette envers ce grand juge qui ne se feint point à nous voir partout, jusques à nos intimes et plus secrètes ordures. (III. V. 888)

Encore le refus de l'affectation peut-il malheureusement conduire à l'affectation !

> Mais je sens bien que parfois je m'y laisse trop aller, et qu'à force de vouloir éviter l'art et l'affectation, j'y retombe d'une autre part... (II. XVII. 638)

Ainsi le «style», produit «artificiel» du travail et de la science, de l'art et de la doctrine, de l'acquis, de l'apprentissage, s'oppose au «parler simplement», au «parler simple et naïf», effets du bon naturel, de la simplesse ou simplicité, de l'inné :

> ...et les raisons qui partent du *simple discours naturel* en autrui, il nous semble qu'il n'a tenu qu'à regarder de ce côté-là, que nous les ayons trouvées. *La science, le style* (...) nous touchons bien aisément si elles surpassent les nôtres; mais les simples productions de l'entendement, chacun pense qu'il était en lui de les rencontrer toutes pareilles. (II. XVII. 656)

Le bon sens n'est-il la chose du monde la mieux partagée ?

> On dit communément que le plus juste partage que nature nous ait fait de ses grâces, c'est celui du sens: car il n'est aucun qui ne se contente de ce qu'elle lui en a distribué (II. XVII. 657).

Le simple discours naturel, les simples productions de l'entendement s'opposent encore à la science, à la doctrine, et au style, comme l'inné à l'acquis, et la nature à la culture :

> Et puis, pour qui écrivez-vous ? Les savants à qui touche la juridiction livresque, ne connaissent autre prix que de la doctrine / *la science, le savoir* /, et n'avouent autre procéder en nos esprits que celui de l'érudition et de l'art. (*ibid.*)

Le réseau d'antithèses est constant, opposant la nature à l'artifice (l'art au sens moderne) :

> ...en ma façon simple, naturelle et ordinaire, sans contention et artifice. (*Au lecteur*),

la vérité à l'art (l'artifice, le mensonge) :

> Si j'étais du métier, je naturaliserais l'art autant comme ils artialisent la nature. (III. V. 874)

L'écrivain rêve ici d'un art naturalisé, d'un parler naturel et naïf. Un style qui refuserait le style en tant qu'il est le produit de la science et des sciences, une forme qui ne retirerait pas à l'artiste (III.IX.963), et qui reproduirait idéalement le langage ordinaire, un langage qui serait en effet «tel sur le papier qu'à la bouche».

Le parler naturel est celui qui récuse – qui affecte de récuser – la rhétorique (tout refus de la rhétorique est évidemment rhétorique), au nom de la vérité, de l'authenticité du message:

> L'éloquence fait injure aux choses, qui nous détourne à soi. (I.XXVI. 172)

Le topos – si ancien qu'il se confond avec les origines de la rhétorique – était présent dès le Prologue de *L'Heptaméron*, lorsque la narratrice rappelle un premier projet qui devait écarter de la narration des histoires «ceux qui avaient étudié et étaient gens de lettres»:

> car monseigneur le Dauphin ne voulait que leur art y fût mêlé, et aussi de peur que la beauté de la rhétorique fît tort en quelque partie à la vérité de l'histoire.

La rhétorique s'oppose à la nature en tant qu'artifice, beauté fardée, et à la vérité en tant qu'art (mensonge, ruse, déguisement): le style, à la différence de l'écriture, est affaire de rhétorique!

LE CHOIX D'UN PARLER INFORME

Montaigne rejette ainsi ce que nous appellerions le style, le beau style, le beau langage, ce qui «retire trop à l'artiste» (à l'artifice), au nom du naturel, et de ce qu'il désigne comme sa «forme»:

> Je l'eusse fait meilleur ailleurs, mais l'ouvrage eût été moins mien (III.V. 875).

Comme il met à l'écart les normes de la grammaire au nom de l'usage:

> Ceux qui veulent combattre l'usage par la grammaire se moquent,

privilégiant un parler «déréglé, décousu et hardi» (I.XXVI. 172)

On se rappelle – Montaigne se rappelle? – les audacieuses formules de Ronsard poéticien, admirant le poète porté de fureur:

> le Poète /.../ porté de fureur et d'art (sans toutefois se soucier beaucoup des règles de grammaire)...
> De là sont tant de belles figures que les Poètes en leur fureur ont trouvées, franchissant la loi de Grammaire[7].

---

7   Ronsard, *Œuvres*, éd. cit., p. 1012 et 1026.

Et il prétend écrire comme il parle, pour se représenter «au vif»:

> Est-ce pas ainsi que je parle partout? me représenté-je pas vivement? suffit! (III. V. 875)

Il récuse – ou prétend récuser – les normes rhétoriques, en proposant des modèles «naturels» à l'écriture.

Du côté de l'oralisation, s'imposent le modèle de la conversation:

> Vous y reconnaîtrez ce même port et ce même air que vous avez vu en ma conversation. (II. XXXVII. 783),

et celui du langage familier, où le mouvement naturel s'oppose une fois encore à la doctrine:

> Socrate fait mouvoir son âme *d'un mouvement naturel* et commun. Ainsi dit un paysan, ainsi dit une femme. Il n'a jamais en bouche que cochers, menuisiers, savetiers et maçons. Ce sont inductions et similitudes tirées des plus vulgaires et connues actions des hommes; chacun l'entend. Sous une si vile forme nous n'eussions jamais choisi la noblesse et splendeur de ses conceptions admirables, nous qui estimons plates et basses toutes celles que *la doctrine* ne relève... (III. XII.1037)

Du côté du registre privé, s'offre le modèle épistolaire, notamment dans sa variante testamentaire, comme dans l'avis *Au lecteur*, ou dans la séquence terminale du chapitre *De la ressemblance des enfants aux pères*, qui prend la forme d'une lettre-dédicace à Mme de Duras.

Le dialogue enfin, cher à l'écriture humaniste, présente le modèle d'une écriture à sauts et à gambades, sans liaison et couture, qui informe la poétique de la digression et des muances, et des vues obliques. Chacun de ces modèles «naturels» a du reste en réalité ses références littéraires, la conversation dans les *Propos de table* d'un Plutarque, l'épistolaire dans les *Lettres à Lucilius* d'un Sénèque ou les épîtres familières d'un Cicéron, le dialogue dans le *Phèdre* d'un Platon (entre autres)[8]...

---

[8] Il faut d'ailleurs noter que si Montaigne admire «tel dialogue de Platon / le *Phèdre* / mi parti d'une fantastique bigarrure, le devant à l'amour, tout le bas à la rhétorique», ses muances, sa grâce «à se laisser ainsi rouler au vent» (III.IX.994), ailleurs, observant que les ouvrages de Cicéron «languissent autour du pot», il ajoute cette réserve à l'égard des dialogues de Platon: «/C/ La licence du temps m'excusera-t-elle de cette sacrilège audace, d'estimer aussi traînants les dialogismes de Platon mêmes, /.../ et de plaindre le temps que met à ces longues interlocutions, vaines et préparatoires, un homme qui avait tant de meilleures choses à dire?» (II. X. 414)

Ce non-style, ce style «naturel», serait un parler «succulent et nerveux» (I.XXVI. 171) «un langage tout plein et gros d'une vigueur naturelle et constante», où les «beaux mots» sont «pleines conceptions», où la peinture serait conduite «non tant par dextérité de la main comme pour avoir l'objet plus vivement empreint en l'âme» (III. V.873).

Cette «façon» personnelle ne saurait alors s'appeler «style»:

> ... ma façon n'aide rien à la matière. Voilà pourquoi il me la faut forte, qui ait beaucoup de prise et qui luise d'elle-même. Quand j'en saisis des populaires et plus gaies, c'est pour me suivre à moi /.../ et pour m'égayer, non pour égayer mon style, qui les veut plutôt graves et sévères (au moins *si je dois nommer style un parler informe* et sans règle, un jargon populaire et un procéder sans définition, sans partition, sans conclusion, *trouble*, à la guise de celui d'Amafanius et de Rabirius) (II. XVII.637; je souligne)

Un parler informe convient à qui veut représenter des fantaisies «*informes* et irrésolues» (I. LVI.317), à qui souhaite accorder quelque place à ses «cogitations, sujet *informe*» (II. VI. 379), à qui estime que «nous sommes tous de lopins, et d'une contexture si *informe* et diverse, que chaque pièce, chaque moment, fait son jeu» (II. I. 337). Le choix de l'informe n'est ni une solution de facilité, ni la marque d'un projet modeste, mais déclare au contraire l'ambition de l'essayiste, l'effort original pour faire entrer dans la poétique de l'essai ce que la littérature n'accueille pas – pas encore-, une pensée non-pensée analogue au rêve et à la rêverie, une démarche vagabonde:

> Mon style et mon esprit vont vagabondant de même. (III. IX.994),

une allure libre qui suive les oscillations d'un être qui ne se réduit pas au cogito.

Un parler trouble convient à celui qui tente de saisir «certaine image trouble», troublée et troublante:

> J'ai toujours une idée en l'âme et certaine image trouble, qui me présente comme en songe une meilleure forme que celle que j'ai mis(e) en besogne, mais je ne la puis saisir et exploiter. Et cette idée même n'est que du moyen étage. (II. XVII. 637),

ou encore cette «vaine image» fugitive comme l'image onirique, venue, elle, du plus bas étage, celui où se forment les fantasmes, les fantaisies, les pensées inconscientes:

> Mais mon âme me déplaît de ce qu'elle produit ordinairement ses plus profondes rêveries, plus folles et qui me plaisent le mieux, à l'improuvu et lorsque je les cherche moins; lesquelles s'évanouissent soudain,

n'ayant sur le champ où les attacher/.../ Il m'en advient comme de mes
songes: en songeant, je les recommande à ma mémoire (car je songe
volontiers que je songe), mais le lendemain je me représente bien leur
couleur comme elle était, ou gaie, ou triste, ou étrange; mais quels ils
étaient au reste, plus j'ahane à le trouver, plus je l'enfonce en l'ou-
bliance. Aussi de ces discours fortuites qui me tombent en fantaisie, il
ne m'en reste en mémoire qu'une vaine image... (III. V. 876)

Commun à Marguerite de Navarre, Du Bellay, Montaigne, le
refus du «style» et de l'art, qui articule les notions associées de naïveté, de naturel, de simplicité, de vérité – notions pièges! – est
d'abord une arme stratégique: il s'agit pour l'une de marquer sa différence avec un modèle prestigieux, le *Décaméron*, et d'assurer au
genre de la nouvelle les termes d'un nouveau contrat fondé sur la
protestation de vérité et d'authenticité; pour l'autre d'écarter les
«graves arguments» où excelle le rival Ronsard, au soleil de la cour
de France... et des bénéfices, de refuser – de feindre de refuser – le
savoir et l'habileté, la grâce d'un Pétrarque, la science d'un Ronsard,
«la riche peinture», au nom de la vérité de la passion qui exige la
simplicité nue:

Je me contenterai de simplement écrire
Ce que la passion seulement me fait dire. (*Regrets*, s.IV),

au nom d'une écriture qui, comme celle des *Essais*, irait «à l'aventure», suivant les humeurs du sujet:

Soit de bien, soit de mal, j'écris à l'aventure. (*ibid.* s. I)

Il s'agit pour le dernier d'affirmer la singularité absolue d'un
livre sans modèle, d'un livre unique au monde de son espèce, et de
marquer sa différence avec les modèles de l'écriture humaniste.
Inutile sans doute de souligner que le programme affiché ne cor-
respond guère à la pièce qui se joue, et que l'art et l'artifice, la rhétorique, le savoir et la doctrine font retour ici et là. Pas de plus grand
artifice rhétorique que de refuser la rhétorique; on ne peut le faire,
d'ailleurs, qu'en usant de rhétorique, comme Hugo lorsqu'il s'écrie:

Guerre à la rhétorique, et paix à la syntaxe!

Toutefois le refus du beau style supporte un rêve qui n'est pas
négligeable: celui de créer son propre style, sa propre «façon». Et
cette ambition est justifiée par la nouveauté du projet: ici inaugu-
rer une critique interne de la narration par le commentaire à plusieurs voix, où se fait entendre un concert discordant; là essayer
«une rime en prose ou une prose en rime»; là enfin prendre pour

matière privilégiée «les songes du veillant», les chimères et monstres fantasques qui prolifèrent sur le sol de l'oisiveté mélancolique,
réhabiliter dans un geste décisif tout ce qui est alors tenu pour
déchets sans valeur, excréments sans intérêt:

> Ce sont ici, un peu plus civilement, des excréments d'un vieil esprit...
> (III. IX. 946)

Naïvement ou simplement écrire, tel est le rêve qui séduit l'artiste, lorsqu'il croit possible, lorsqu'il se demande s'il est possible,
de construire une muraille sans pierre, un livre sans art:

> Est-il aussi raison que je produise au monde, où la façon et l'art ont tant
> de crédit et de commandement, des effets de nature crus et simples, et
> d'une nature encore bien faiblette? Est-ce pas faire une muraille sans
> pierre, ou chose semblable, que de bâtir des livres sans science et sans
> art? (III. II. 805)

Sous l'apparente modestie du propos, une ambition hautaine.
Que de ruse pour prétendre écrire naïvement! Que de complication
pour écrire simplement! Que d'art nécessaire pour bâtir sans art!

On pourra, certes, considérer les réflexions de Montaigne sur
son style comme un nouvel indice de ses malicieuses tromperies:
quel lecteur de bonne foi oserait soutenir que cette écriture est naturelle et naïve, que ce livre est bâti sans science et sans art?

Pourquoi de telles déclarations? D'abord sans doute parce que
la revendication de naturel anime le projet humaniste, et convient à
la présentation qu'un écrivain entend faire de lui-même. Et aussi
parce que, pour différencier son entreprise de celle des «autres», des
«professionnels», des «auteurs», Montaigne souhaite attirer l'attention sur la consubstantialité du livre et de l'écrivain, d'un livre qui
est aussi, même s'il ne l'est pas seulement, la mise «en rolle» des
humeurs du sujet. Et encore parce que, soucieux de se peindre et de
laisser à la postérité son portrait au vif, l'écrivain veut marquer dans
son écriture même ce qui est en lui le plus singulier.

Lorsqu'il nous abuse en nous demandant de croire qu'il écrit
comme il parle, qu'on retrouvera dans son livre ses humeurs et
conditions, Montaigne dit vrai tout en disant faux. Ou plutôt il dit
encore «à demi», masquant sous des déclarations trompeuses la
vérité de son idéal: un désir authentique d'authenticité.

CHAPITRE VI

LE CÉNOTAPHE D'ESTIENNE DE LA BOÉTIE

L'inséparable couple Montaigne-et-La Boétie a fait sans doute couler beaucoup (trop) d'encre: tandis que la mort de l'ami passe pour être la motivation de l'écriture «mélancolique» des *Essais*, son image reste tributaire des jugements et des déclarations du survivant. L'ami est célébré avec ferveur, comme on sait, et en particulier dans le chapitre *De l'amitié*, mais l'éloge de l'écrivain, du poète, du penseur est singulièrement réservé. Montaigne est certes l'éditeur en 1571, huit ans après le décès de La Boétie, des *Vers françois* dédiés à Marguerite de Carle et des *Poemata*, ainsi que des traductions de Xénophon (*La Mesnagerie*) et de Plutarque (*Les Règles de mariage* et la *Lettre de consolation de Plutarque à sa femme*); et il accueille dans la première édition des *Essais* en 1580 et dans les suivantes publiées de son vivant les *Vingt neuf sonnets* de La Boétie. Il cite plusieurs fois des vers de La Boétie et il place même en épigraphe du chapitre *Du parler prompt ou tardif* un alexandrin de l'ami-poète, «Onc ne furent à tous, toutes grâces données»[1], sans toutefois indiquer le nom de l'auteur.

Cependant, alors que le chapitre *De l'amitié* prétend d'abord servir de cadre au *Discours de la servitude volontaire*, censé devoir honorer «tout le reste de la besogne», Montaigne prend la décision de supprimer ce texte, et, «en eschange de cet ouvrage serieux», de lui substituer un ouvrage «plus gaillard et plus enjoué», les vingt-neuf sonnets: ils sont à leur tour pourtant supprimés dans l'édition préparée après 1588, barrés d'énergiques traits de plume dans l'exemplaire de Bordeaux. Mais on observera aussi l'étrange silence des *Essais* sur le *Mémoire touchant l'édit de janvier 1562*, que Montaigne dit avoir trouvé dans les papiers du défunt:

> Mais il n'est demeuré de lui que ce discours, encore par rencontre,/.../ et quelques mémoires sur cet édit de Janvier, fameux par nos guerres

---

[1] I.X. 39 (sonnet XIV des *Vers français*); ailleurs Montaigne cite deux vers latins d'une satire (I.XIV. 56); cinq vers latins (II.XII. 493); huit vers français (III.XIII. 1068-9).

> civiles, qui trouveront encore ailleurs peut-être leur place. C'est tout ce
> que j'ai pu recouvrer de ses reliques, moi qu'il laissa, d'une si amoureuse
> recommandation, la mort entre les dents, par son testament, héritier de
> sa bibliothèque et de ses papiers, outre le livret de ses œuvres que j'ai
> fait mettre en lumière. (I. XXVIII. 184),

alors même qu'un célèbre chapitre des *Essais*, *De la liberté de cons-cience*, reprend les termes mêmes de son argumentation.

Cette singulière démarche, qui accompagne l'exaltation de la mémoire de l'ami défunt de réserves, de réticences, et de repentirs, incite à réexaminer la délicate question que pose l'éviction des écrits de la Boétie[2].

UNE ÉTRANGE ÉVICTION

La rhétorique retorse des *Essais* nous persuade que le plus grand admirateur – et le meilleur lecteur – de La Boétie est Montaigne, et que, s'il ne publie pas *La Servitude Volontaire*, c'est pour d'excel-lentes raisons de prudence et de sagesse, par respect pour la mémoire de son auteur:

> Parce que j'ai trouvé que cet ouvrage a été depuis mis en lumière, et à
> mauvaise fin, par ceux qui cherchent à troubler et changer l'état de notre
> police, sans se soucier s'ils l'amenderont, /.../ je me suis dédit de le loger
> ici. (I. XXVIII. 194).

Ces excellentes raisons – le mauvais usage fait par le parti pro-testant qui publie à partir de 1574 dans divers recueils[3] des frag-ments du texte «mêlé à d'autres écrits de leur farine» – s'accompa-

---

[2] Par commodité, les références du *Discours* et du *Mémoire* renvoient à l'éd.
P. Bonnefon, Collection des chefs-d'œuvre méconnus, Ed. Bossard, 1922. Le
manuscrit, qui porte pour titre *Mémoire touchant l'Edit de janvier 1562*, a été
découvert et publié par P. Bonnefon en 1917 dans la *RHLF*, et en 1922 chez Bos-sard dans la collection des chefs-d'œuvre méconnus. On a aussi utilisé l'édition
critique du *Mémoire* due à M. Smith, publiée sous le titre *Mémoire sur la paci-fication des troubles*, avec introd. et notes, Droz, 1983, qui rectifie en plusieurs
lieux le texte fourni par Bonnefon; on trouvera également le *Discours sur la ser-vitude volontaire* (par abrév. *D.S.V.*) et le *Mémoire* dans les *Œuvres Complètes*
d'E. de la Boétie, 2 vol., éd. procurée par L. Desgraves, William Blake and Co.
Ed., 1991, et dans l'éd. de Nadia Gontarbert, Gallimard, 1993. Voir la biblio-graphie de La Boétie établie par Michel Magnien, dans la collection *Bibliogra-phie des écrivains français*, Memini, 1997.

[3] En latin dans les *Dialogi ab Eusebio Philadelpho,* puis en français dans *Le
Réveille matin des François*, par fragments, puis en entier dans les *Mémoires de
l'estat de la France* de S. Goulart.

gnent du reste d'étranges réserves[4] sur la qualité du «gentil» texte écrit par ce «garçon de seize ans» (ou «n'ayant pas atteint le dix huitième an de son âge», comme le portent les éditions publiées du vivant de Montaigne):

> ...ce sujet fut traité par lui en son enfance, par manière d'exercitation seulement, comme sujet vulgaire et tracassé en mille endroits des livres.

Où, sous couleur de défendre la mémoire de l'ami et d'affirmer ses vertus d'excellent citoyen, l'appréciation du *Discours* est dévaluée par la mention du jeune âge de son auteur, et par sa qualité de simple exercice, farci de références livresques... Comme si l'écriture humaniste répugnait à la farcissure, à la citation, à la convocation des textes anciens!

Quant aux «mémoires sur cet édit de janvier», on nous promet vaguement qu'ils «trouveront encore *ailleurs* peut-être leur place» (p. 184), mais ils ne l'ont pas trouvée, pas plus que les sonnets, supprimés au motif que «Ces vers se voient *ailleurs*», sans qu'on daigne nous préciser le lieu où désormais on peut les lire![5]

L'excuse subtile donnée ailleurs pour ne pas publier les deux traités à côté de la traduction de *La Mesnagerie:* «Je leur trouve la façon trop délicate et mignarde pour les abandonner au grossier et pesant air d'une si malheureuse saison» (*Avis au lecteur* de l'édition de 1571) a suscité diverses hypothèses... subtiles. Selon M. Smith, Montaigne aurait composé le chapitre XXVII du premier livre *C'est folie de rapporter le vrai et le faux à notre suffisance* en guise de préface au *Mémoire*, en «rectifiant» la stratégie conciliatrice de La Boétie à l'égard des protestants:

> Il peut sembler paradoxal que Montaigne publie une réfutation de certaines idées théologiques pour rendre possible la divulgation du livre qui les contient, mais telle est bien sa méthode. (*Introd.* p. 22)

Ce chapitre constituerait ainsi «l'apologie du *Mémoire*» (p. 23). Singulière préface et singulière apologie, qui ne parlent pas du texte, ne le citent pas, ne l'allèguent même pas!

Selon G. Nakam, Montaigne aurait voulu accueillir le *Mémoire* au centre du livre II, mais il aurait remplacé ce centre par le chapitre *De la liberté de conscience* (II. XIX)[6]. Or ce chapitre renvoie en effet implicitement au *Mémoire*, mais sans le citer ni l'alléguer, même

---

[4]   Voir François Rigolot, *Les métamorphoses de Montaigne*, PUF, 1988, p. 72.

[5]   On n'a pas retrouvé d'ailleurs l'édition de ces sonnets...

[6]   G. Nakam, «Sur deux héros des *Essais*, Alcibiade, Julien l'Apostat», in *Actes du IXe Congrès de l'Association G. Budé* (1973), Belles lettres, t.II, 1975 (p. 651-70).

lorsqu'il reprend la dialectique du vouloir et du pouvoir longuement thématisée dans le *Mémoire*, ou la question de savoir si le roi
«sauve» son honneur en tolérant deux religions, tout en modifiant
la perspective: aucune allusion ici à l'ami et au texte de l'ami[7].

Bref ce n'est certes pas par l'intermédiaire des *Essais* que sont
parvenus jusqu'à nous les textes de La Boétie, et on peut s'interroger sur cette opération de censure.

En ce qui concerne le *D.S.V.*, les raisons seraient, on l'a vu, de
prudence, voire de respect à la mémoire du défunt: il est exact que
ce discours, utilisé par les protestants (et encore allégué plus tard,
par exemple dans *L'Histoire Universelle* et dans *Du Debvoir mutuel*
d'Aubigné), fournit des armes au combat contre la tyrannie, le pouvoir absolu d'un seul. On se rappellera en particulier les superbes
pages où La Boétie décrit *la chaîne tyrannique* lorsqu'il démonte «le
ressort et secret de la domination, le soutien et fondement de tyrannie» (p. 89):

> Ce sont toujours quatre ou cinq qui maintiennent le tyran, quatre ou
> cinq qui tiennent tout le pays en servage. Toujours il a été que cinq ou
> six ont eu l'oreille du tyran, (...) pour être les complices de ses cruautés,
> les compagnons de ses plaisirs, les maquereaux de ses voluptés (...). Ces
> six ont six cents qui profitent sous eux, et font de leurs six cents ce que
> les six font au tyran. Ces six cents en tiennent sous eux six mille, qu'ils
> ont élevés en état (...). Grande est la suite qui vient après cela, et qui
> voudra s'amuser à dévider ce filet, il verra que non pas les six mille, mais
> les cent mille, mais les millions, par cette corde, se tiennent au tyran,
> s'aident d'icelle comme, en Homère, Jupiter qui se vante, s'il tire la
> chaîne, d'emmener vers soi tous les dieux. (p. 90)

Dénonçant vigoureusement «la ruse de tyrans d'abêtir leurs
sujets» (p. 80), La Boétie met au jour leur «venimeuse douceur», «plus
dommageable que la cruauté du plus sauvage tyran qui fut oncques»,
cette douceur qui jadis avec César «sucra la servitude» (p. 83), et la
sucre encore aujourd'hui.

C'est sans doute un conflit d'ordre idéologique qui motive la
censure: comment le conservatisme social et politique de Montaigne
pourrait-il s'accorder avec un traité qui *peut* être lu comme anti-
monarchique?[8] Par scrupule, dit Bonnefon, il laisse inédits les opus-

---

[7] Je me permets de renvoyer à ma communication, «Tolérance et liberté de
    conscience: alliées ou ennemies?A propos de La Boétie (*Mémoire touchant
    l'édit de janvier 1562*), de Montaigne («De la liberté de conscience»), et de Pas-
    quier (*Lettres Historiques*)», présentée au Colloque de novembre 1998 «La
    liberté de pensée (XVIe-XVIIIe s.)«, publication des Actes en cours.
[8] Qu'il puisse être lu ainsi ne signifie point qu'il est anti-monarchique: La Boétie,
    comme le fera notamment Aubigné, distingue soigneusement le tyran du roi.

cules de son ami: s'agit-il vraiment de scrupules? Comment le chapitre *De l'amitié* pourrait-il en effet servir de cadre – de cadre peint
à la manière de la *grottesca* – à ce traité subversif, alors que le discours des *Essais* plaide en faveur du maintien du régime, et se défie
des réformations au nom de la nécessaire stabilité de l'Etat? Comment l'auteur du chapitre *De la coutume et de ne changer aisément
une loi reçue* (I. XXIII) pourrait-il s'accorder avec cet ardent plaidoyer en faveur du changement?

Il en va de même avec le *Mémoire*. Le chapitre *C'est folie de rapporter le vrai et le faux à notre suffisance* prend fermement position
contre les thèses du *Mémoire*, et en particulier dans cette séquence:

> Or ce qui me semble apporter autant de désordre en nos consciences, en
> ces troubles où nous sommes, de la religion, c'est cette dispensation que
> les catholiques font de leur créance. Il leur semble faire bien les modé-
> rés et les entendus, quand ils quittent aux adversaires aucuns articles de
> ceux qui sont en débat. Mais outre ce, qu'ils ne voient pas quel avantage
> c'est à celui qui vous charge, de commencer à lui céder et vous tirer
> arrière, et combien cela l'anime à poursuivre sa pointe, ces articles-là
> qu'ils choisissent pour les plus légers, sont aucunesfois très-importants.
> Ou il faut se submettre du tout à l'autorité de notre police ecclésias-
> tique, ou du tout s'en dispenser. (I. XXVII. 181-2)

Comment douter que cette critique de la dispensation et de la
modération, cette position du «tout ou rien» en matière de créance
ne s'opposent rigoureusement aux propositions du *Mémoire*, qui,
comme on le verra, accorde en effet à la foi réformée plusieurs points
en litige, et des plus importants?

On dirait volontiers que Montaigne souhaite en somme que
l'ami ne soit connu que par ce que *lui* en dit, et en écrit: dans les
Essais, mais aussi dans la célèbre lettre au père, la lettre «que Monsieur le Conseiller de Montaigne écrit à Monseigneur de Montaigne,
son père, concernant quelques particularités qu'il remarqua en la
maladie et mort de feu Monsieur De La Boëtie»[9], lettre faite en vue
d'une publication, et respectant les codes littéraires de description
de la «mort exemplaire»[10]. Si la demande ultime de La Boëtie est
transcrite exactement – on n'a aucun moyen de le savoir! –: «Mon
frère, mon frère, me ferez-vous une place?» (p. 203), force est de

---

[9] Citée dans l'éd. Bonnefon, p. 181-204. Datée de 1570, soit sept ans après la mort
de L.B.; et deux ans après la mort du père. Voir F. Rigolot, «l'essai et la lettre»,
in *Métamorphoses de Montaigne, op. cit.*, p. 61-78.

[10] On pourrait dire de cette lettre ce que Montaigne dit des épîtres familières de
Cicéron: «et que les grammairiens en ôtent ce surnom de familières, s'ils veulent, car à la vérité il n'y est pas fort à propos», trouvant plus exacte la formule
«ad familiares». (II. XXIV. 686).

constater qu'une place de choix est réservée à l'ami – dans les *Essais* comme dans le *Voyage en Italie*[11] –, mais qu'aucune place n'est faite à l'écrivain ou au penseur politique... Il convient de laisser l'image d'un excellent citoyen, «affectionné au repos de son pays», «ennemi des remuements et nouvelletés de son temps» (I. XXVIII. 194), l'*alter ego* du peintre, mais un essayiste dont l'œuvre est en quelque sorte virtuelle:

> si (...) il eût pris un tel dessein que le mien, de mettre par écrit ses fantaisies, nous verrions plusieurs choses rares... (I. XXVIII. 184)

Dira-t-on malicieusement qu'il est moins dangereux de publier les traductions de Xénophon et de Plutarque, et quelques sonnets latins et français, que le *Discours* et le *Mémoire*? Cet auteur-là, en effet, ne risque guère de porter ombrage à l'auteur des *Essais*...

Mais si le problème psychologique n'est pas dénué d'intérêt, l'occultation des textes de La Boétie, qui ne laisse pas d'éveiller la curiosité, est peut-être motivée par la hardiesse de la pensée; si on admet qu'elle est due à un conflit idéologique, alors il faut relire le *Mémoire*, en s'étonnant qu'il ne soit ni allégué ni cité dans *De la liberté de conscience* où pourtant la dialectique du pouvoir et du devoir reprend exactement les termes du débat tel qu'il est posé par La Boétie, comme l'indique la dernière phrase de ce chapitre:

> Et si crois mieux, pour l'honneur de la dévotion de nos rois, c'est que, n'ayant pu ce qu'ils voulaient, ils ont fait semblant de vouloir ce qu'ils pouvaient. (II. XIX. 672)

Où l'on voit Montaigne justifier la paix de Monsieur (1576) et la liberté de conscience comme «recette» pour «éteindre» le trouble de la dissension civile, reprenant en somme la problématique exposée dans le *Mémoire*, mais avec une argumentation en tous points contraire à celle qui s'y développait.

ENTRE VOULOIR ET POUVOIR: LE TEXTE CACHÉ DE LA BOÉTIE

La dialectique du vouloir et du pouvoir qui, dans le chapitre *De la liberté de conscience* conclut la réflexion sur une pointe sceptique, s'éclaire à la lumière des réflexions de La Boétie dans le *Mémoire*

---

[11] «Et ce même matin écrivant à M. Ossat, je tombai en un pensement si pénible de M. de La Boétie, et y fus si longtemps sans me raviser, que cela me fit grand mal.», éd. F. Garavini, Folio/ Gallimard, 1983, p. 277. L'excellent ami est un ami mort, ce qui n'est pas indifférent...

touchant l'édit de janvier 1562, à propos de Charles Quint et de la
Paix d'Augsbourg (1555), et du Roi Charles IX :

> ... depuis huit mois que le roi a toléré les deux religions, il a autant voulu
> empêcher les désordres et insolences comme il fera quand elles seront
> permises. /... /et s'il l'a autant voulu, pourquoi n'a-t-il eu autant de puis-
> sance comme il aura à l'avenir de réprimer les fols ?/.../...il ne laissait pas
> cependant à empêcher de son pouvoir les maux qui n'ont pu être empê-
> chés. Le magistrat a fait ce qu'il pouvait car, voyant bien l'intention du
> Roi, il a souffert et dissimulé; mais de garder des insolences, il n'était en
> leur puissance, ni ne sera. (p. 53)

> Davantage il ne faut pas croire que l'empereur Charles/.../ permit l'in-
> terim de son gré; mais il prit ce conseil vaincu par les circonstances et
> obéissant à la nécessité du temps. (p. 58)

> L'empereur fut contraint de permettre ce qu'il ne voulait pourtant. (p. 61)

> Reste ce point qu'il n'y a lieu de consultation là où il est impossible de
> faire autrement, et /.../ il faut céder à la nécessité, contre laquelle aucune
> raison ne peut valoir (p. 61-62).

Le débat est donc posé dans les mêmes termes chez La Boétie et
chez Montaigne, mais, on le voit, la solution choisie diffère. Le
Mémoire en effet, s'il condamne la politique de tolérance, qui n'est
ni efficace politiquement ni acceptable du point de vue religieux et
moral, propose une réformation du catholicisme que Montaigne, plus
conservateur, rejette. Observons en outre que si La Boétie critique
la politique de tolérance, il affirme cependant la nécessité de préserver la liberté de conscience; et c'est à ce motif qu'il condamne la
répression exercée par les rois François et Henri :

> En cela ne fallait-il point épargner à toute heure le glaive punissant, et
> exercer la rigueur de sévérité, non pas comme au commencement gêner
> les esprits des hommes et se faire maîtres de leurs pensées et opinions.
> (p. 44)

Si, pour nous, tolérance et liberté de conscience vont de pair, il
n'en était pas ainsi au XVIe siècle, où l'on voit les adversaires de la
tolérance plaider en faveur de la liberté de conscience, et les adversaires de la liberté de conscience plaider en faveur de la tolérance, et
où la notion même de tolérance signifie seulement l'acceptation de
la co-existence de deux religions chrétiennes[12].

---

[12] Comme le dit E. Pasquier, la tolérance signifie seulement «tolérance à l'exercice
de la nouvelle religion», *Lettres Historiques pour les années 1556-1594*, éd. crit.
D. Thickett, Droz-Minard, 1966, p. 244. Sur les notions de tolérance et de
liberté de pensée, voir *La liberté de conscience*, Actes du Colloque de Mulhouse
et de Bâle (1989), Droz, 1991.

Mais l'originalité du *Mémoire* est ailleurs: à la différence de Pasquier, de Bodin, de L'Hospital ou de Montaigne, La Boétie pose en termes de théologie la question de la vérité ou erreur de chaque religion, examine les controverses sur le fond, les problèmes des abus de l'Eglise, qu'il critique vigoureusement, du commerce des reliques, et du culte des images, qu'il condamne, mais il aborde aussi la question de la prière et de la prédication en français, et des sacrements.

Il renvoie dos à dos l'excessive rigueur des rois François et Henri, car il ne veut pas de martyrs:

> Car de voir que quelqu'un meurt sur la querelle de son opinion, c'est la plus grande preuve qu'on pourrait donner aux ignorants pour les persuader, et cet argument combat plus vivement que nul autre les entendements des idiots, et quelquefois des bons et simples... (p. 43),

et l'excessive permissivité du règne de Charles IX à ses débuts, entre 1560 et 1562, sous la régence de Catherine de Medicis:

> On a fait cette faute sous les Rois François et Henri et, depuis ce règne, il est advenu qu'en faisant le contraire et ne punissant personne, on n'a pas amendé l'état des choses, mais tout est clairement allé de mal en pis. (p. 44)

Au lieu du dilemme ordinaire, La Boétie retient trois hypothèses:

> En cette affaire, il n'y a que trois conseils, desquels il faut nécessairement choisir l'un: C'est ou /de/ maintenir seulement l'ancienne doctrine en la religion, ou d'introduire du tout la nouvelle, ou de les entretenir toutes deux sous le soin et conduite des magistrats. (p. 45)

Le deuxième conseil étant exclu (le roi est catholique et ne saurait donner à son peuple une loi «qu'il ne tient pas»), restent «deux chemins, par l'un desquels il faut passer»:

> C'est ou /de/ confirmer la religion de nos prédécesseurs, ou d'entretenir celle-là et la nouvelle, et toutes deux ensemble. (p. 45)

Cette solution, «cet entre deux», «l'interim», ne convient pas, bien qu'elle semble la plus aisée, car on n'en peut attendre «qu'une manifeste ruine d'avoir en ce royaume deux religions ordonnées et établies»:

> Et de deux doctrines si contraires, il n'y en peut avoir qu'une vraie. (p. 46)

Or la fausse opinion en la religion n'est pas supportable....

Tout se passe comme si Montaigne répondait à La Boétie en lui accordant ce point, mais en plaidant en faveur du «réalisme» politique, qui exige le mensonge d'Etat, ce que La Boétie appelle sévèrement «la dissimulation».

La solution de La Boétie ne se résume d'ailleurs pas à la répression. Il propose de maintenir la religion ancienne, mais de la réformer, d'accorder aux protestants tout ce que la pure doctrine de l'Eglise pourra souffrir; pas de culte des reliques, ni des images, pas d'argent:

> Rien ne se fasse en l'Eglise, je ne dis pas à prix d'argent, mais du tout où il y intervienne aucune mention de marché ou de don, ni accordé ni volontaire (p. 80),

régler l'Eglise, «la réformer», accepter la prédication et la prière en français; mais «reste l'administration des sacrements» qui pose évidemment problème (p. 69-78), puisque les protestants n'admettent que les sacrements du baptême et de la cène: aucune difficulté quant au baptême (l'eau seule est nécessaire), ni quant à la confirmation, ni même pour la communion, «où semble être la plus grande difficulté» (p. 72), mais où on peut accorder la communions sous les deux espèces, ni pour la pénitence («il n'y peut avoir occasion d'étriver, sinon pour le regard de la confession»), ni pour le sacrement d'ordre, où tout le mal vient «de l'abus qui a été admis en celui-ci» (p. 76); et «quant au dernier sacrement de l'extrême onction, il n'en peut venir grand débat, de tant qu'on ne la porte à personne, si on ne va chercher les gens ecclésiastiques pour l'administrer» (p. 78)

Puisque c'est la nouveauté qui plaît, faisons nouvelle la religion catholique: c'est bien ce que Montaigne ne saurait approuver! Et il est exact que, notamment sur la question des sacrements, et en particulier sur celui de la communion, La Boétie se rapproche dangereusement pour certains de la Réforme:

> Quand la nôtre / notre religion / sera ainsi réglée et réformée, elle semblera toute nouvelle et cela leur donnera / aux protestants / grande occasion d'y revenir sans scrupule, pour ce qu'ils ne cuideraient pas rentrer en celle qu'ils ont maintenant en haine et horreur, mais en une autre toute neuve, de tant qu'après avoir nettoyé tant de si grandes taches et si apparentes dont elle est à présent couverte, elle présenterait une face toute autre qui serait si belle à voir et si aimable que les plus rebelles seraient conviés à se racointer d'elle. Les abus les ont éloignés et la réformation les rappellerait. (p. 90)

Il a même cette forte parole:

> J'ai cette opinion que si on ne voulait avoir égard qu'à l'utilité de ce royaume et à la conservation de cet Etat, il vaudrait mieux changer entièrement la religion, et tout à un coup, que d'accorder l'interim. (p. 50)

Position radicalement opposée à celle de Montaigne! La Boétie, chrétien convaincu, «sauve» l'honneur et la conscience du prince en exigeant la répression, une «rigoureuse punition des insolences et violences publiques commises» (p. 91) *et* la réforme radicale de la religion:

> Il faut réformer vivement et promptement l'ancienne Eglise, rompre l'ordre et établissement de la nouvelle. (p. 91)

Montaigne, catholique politique, machiavélien, «sauve» l'honneur et la conscience du prince en voyant dans la tolérance une nécessité imposée aux rois, qui ont à préserver les apparences par cette dissimulation qu'exècre La Boétie (et dont Machiavel montrait la nécessité), bref une «recette» comparable à celle que mit en œuvre Julien.

Chez La Boétie s'affirme, au lieu d'un catholicisme politique (comme chez Bodin ou Montaigne), un christianisme soucieux de ne pas diviser les chrétiens, au nom de la figure de Jésus Christ qu'il invoque par exemple à propos du sacrement de la communion (p. 72), de ce Christ si absent des *Essais*.

Celui qui est favorable aux édits de tolérance et à la Paix de Monsieur – Montaigne – est un conservateur espérant éteindre le zèle religieux... (et la foi?), mais soucieux de garder telle quelle la religion catholique, fondement d'un Etat stable.

Celui qui s'oppose à l'édit de tolérance – La Boétie – est un réformateur/réformiste, hostile au pouvoir absolu du roi, du pape, des évêques, scandalisé comme les protestants par les abus de l'Eglise, et soucieux de revenir à la pure doctrine de l'Ecriture.

Le premier accepte de soumettre le vouloir au pouvoir, faute de pouvoir ce qu'il faudrait vouloir. Le deuxième veut accorder le pouvoir au vouloir, et ne pas «sucrer la servitude». Entre les amis, en effet, la chaleur d'une amitié exaltée n'interdit pas les motifs de discordance.

Comment expliquer la curieuse désinvolture à l'égard des textes de La Boétie?

Pour éclairer ce surprenant silence, et cette étonnante éviction, on a le choix entre plusieurs hypothèses: on peut accepter les motivations explicites, la volonté généreuse de garder le souvenir de l'ami sans taches, le souci de ne pas donner des armes au parti protestant qui ferait une «mauvaise» lecture des deux traités, ou avancer des raisons – presque aussi nobles – d'ordre idéologique, qui conduiraient Montaigne à ne pas citer ces textes trop hardis pour ne pas avoir à leur apporter correction ou contradiction. Mais on ne peut manquer d'être frappé par le contraste entre la chaleur de l'ami et la froideur du critique: si les vingt-neuf sonnets sont admirés pour leur invention et leur *gentillesse*[13], les autres vers français dédiés à la future épouse «sentent déjà je ne sais quelle froideur maritale», or «la poésie ne rit point ailleurs, comme elle fait en un sujet folâtre et déréglé» (I. XXIX. 196). Le *Discours de la Servitude volontaire* est certes «gentil» lui aussi – il n'est pas sûr que l'adjectif ait le plein sens de *noble*, si l'on observe qu'il qualifie aussi *L'Heptaméron*, «un gentil livre pour son étoffe», au moment même où l'ouvrage est critiqué![14] – il est «plein ce qu'il est possible», mais une réserve accompagne ces compliments: «Si y a-t-il bien à dire que ce ne soit le mieux qu'il pût faire». Sous couleur d'exalter les talents virtuels de La Boétie, une légère pointe rabaisse la «gentillesse» d'un ouvrage puéril. Du *Mémoire*, écrit à l'âge mûr, et plein de vigueur et d'intelligence, aucun éloge. Montaigne loue ce que La Boétie aurait pu écrire, non ce qu'il écrit...

Serait-ce que, comme on le suggérait, si le poète et le traducteur ne lui portent pas ombrage, le penseur politique est perçu, consciemment ou inconsciemment, comme un rival? Est-il d'ailleurs tout à fait sincère, le regret que La Boétie n'eût pris «un tel dessein que le mien, de mettre par écrit ses fantaisies» (p. 184)? Impossible d'en juger. Mais on aimerait seulement souligner que cette amitié unique ne nous est connue que par un texte littéraire, plein de réminiscences littéraires[15], écrit après la mort de l'ami, que la fameuse lettre de Montaigne à son père est elle-même un texte *littéraire*, et que sans doute il n'est d'excellent ami que mort. Montaigne ne pratique-t-il pas une subtile opération d'appropriation, en tant qu'héritier désigné, et des textes de l'ami, et de son visage? Tout se passe en tout cas comme s'il souhaitait que l'ami ne fût connu... que par son propre texte, et, en somme, l'opération a parfaitement réussi...

La doxa critique, si convaincue depuis quelques années que les *Essais* sont le tombeau de La Boétie, ferait bien de s'aviser de ces bizarreries: ce tombeau est un cénotaphe! Et Montaigne, une fois encore, «par une forme de guet-apens», nous mène à sa guise.

---

[13] On pourrait d'ailleurs malicieusement se demander si Montaigne ne loue pas *excessivement* en La Boétie le poète – qu'on pourra juger médiocre, tant en latin qu'en français – pour ne pas tomber sous le coup du reproche d'injustice, se réservant ainsi de ne pas louer l'auteur des traités...

[14] II. XI p. 430. La critique de Marguerite de Navarre est encore plus vive dans le chapitre *Des prières* à propos d'un conte de *L'Heptaméron* (la 25ᵉ nouvelle): «elle allègue cela pour un témoignage de singulière dévotion. Mais ce n'est pas par cette preuve seulement qu'on pourrait vérifier que les femmes ne sont guère propres à traiter les matières de la Théologie.» (I. LVI. 324)

[15] Dans le chapitre ci-dessous «Absence et présence des *Confessions*», on mettra en évidence ce que «le poème de l'amitié» doit à saint Augustin.

CHAPITRE VII

ABSENCE ET PRÉSENCE DES *CONFESSIONS*

Rien n'est si irritant, rien n'est si excitant, que le double geste de marquage et de masquage des emprunts dans la littérature de la Renaissance... A ce petit jeu Montaigne pouvait se vanter d'être passé maître! L'une des petites énigmes qu'il nous pose est son silence sur les *Confessions* de saint Augustin: n'est-il pas tout à fait surprenant que l'humaniste, lecteur attentif de *La Cité de Dieu*[1], ignore un grand livre qui devait pourtant être à son horizon, puisque ce monument autobiographique inaugure cette littérature de l'aveu[2] dans laquelle s'inscrivent les *Essais*? Voilà qui pique la curiosité: ne pourrait-on déchiffrer des traces d'une lecture attentive non seulement dans la définition du projet lui-même, mais dans certaines formules, voire certaines séquences des *Essais*?

C'est, il est vrai, une gageure: rien n'indique que Montaigne ait connu les *Confessions*, comme l'observaient Villey et Courcelle, tout semble au contraire suggérer qu'il les ignore[3]. Saint Augustin est plusieurs fois allégué[4], et la *Cité de Dieu* souvent citée[5], mais Montaigne ne fait aucune allusion aux *Confessions*.

---

[1] Dont il possédait dans sa librairie un exemplaire, dans l'édition de 1570 avec le commentaire de Vivès.

[2] Il y eut certes des antécédents, mémoires ou réflexions intimes, rappelés par Labriolle et Courcelle, mais aucun n'a eu l'importance (ni l'influence) des *Confessions*.

[3] P. Courcelle dans son monumental ouvrage *Les Confessions de Saint Augustin dans la tradition littéraire*, Etudes Augustiniennes, Paris, 1963, note que Montaigne semble «n'avoir feuilleté que le *Contra Academicos* ou *La Cité de Dieu*, mais non les *Confessions*» (p. 379).

[4] Le nom propre apparaît douze fois (*éd.cit.* p. 58, 99, 102, 181, 216, 401, p. 499 (2 fois), 539, 847, 860, 1032). Pour une lecture possible du *De Doctrina christiana*, voir Mary McKinley, *Les terrains vagues des Essais: Itinéraires et intertextes*, Champion, 1996, p. 96 et suiv. Dans ce même ouvrage, voir aussi les remarques sur un autre «curieux silence» des *Essais*, à propos du *Ciceronianus* d'Erasme, p. 126-144.

[5] P. Villey note vingt-trois citations (et une centaine de références) de la *Cité de Dieu*, et une du *De Ordine*.

Une remarque incidente laisse d'ailleurs penser qu'il n'a pas lu l'ouvrage, puisqu'il ignore – ou prétend ignorer – si Augustin eut des enfants:

> Ce serait à l'aventure impiété en Saint Augustin (pour exemple) si d'un côté on lui proposait d'enterrer ses écrits (...), ou d'enterrer ses enfants, *au cas qu'il en eut*, s'il n'aimait mieux enterrer ses enfants. (II. VIII. 401; je souligne),

alors que le livre IX (VI.14 et XII.29) évoque Adeodatus, le fils du péché, *ex me natum carnaliter de peccato meo;* c'est ce passage qui incite Villey, repris par Courcelle, à penser que Montaigne n'a pas lu les *Confessions*[6]. Mieux encore, une déclaration de quelque importance donne à croire qu'il ne connaît ni la matière des *Confessions*, ni le titre de l'ouvrage, ni même son existence:

> S. Augustin, Origène et Hippocrate ont publié les erreurs de leurs opinions; moi, encore, de mes mœurs. (III. V. 847)

Outre *La Cité de Dieu*, il connaîtrait donc, au moins de réputation, les ouvrages de réfutation, de polémique ou de rétractations, mais ignorerait que le Docteur de la Grâce a laissé des mémoires de sa vie où il publie les erreurs de ses mœurs? Difficile à croire... Alors même que le paradigme de la confession, *confession, confesser, se confesser, avouer, oser dire*, a de multiples occurrences dans les *Essais*, et précisément dans cette séquence du chapitre *Sur des vers de Virgile* où Montaigne entend se distinguer d'Augustin:

> ...je me suis ordonné d'*oser dire* tout ce que j'ose faire/.../ La pire de mes actions ne me semble pas si laide comme je trouve laid et lâche de l'oser *avouer*. Chacun est discret *en la confession* .../ la hardiesse de faillir est aucunement compensée et bridée par la hardiesse de le *confesser*./.../ en matière de méfaits, c'est parfois satisfaction que la seule *confession*. Est-il quelque laideur au faillir, qui nous dispense de nous en devoir *confesser?* En faveur des Huguenots (...) *je me confesse* en public, religieusement et purement. (p. 845-6),

il oublie ou feint d'oublier que si la confession d'Augustin est exaltation de la grandeur divine, elle est aussi aveu de ses fautes, et reconnaissance de sa propre turpitude[7]. Ces affirmations ne laissent pas de sembler suspectes. Tandis que plusieurs éditions des *Confes-*

---

[6]   Villey, éd.cit, note p. 1273.

[7]   «La confession ne s'entend pas seulement de l'aveu des fautes, elle s'entend aussi de la louange», *Enarrationes in Ps.* 144.13, *in* Saint Augustin, *Confessions*, éd. P. de Labriolle, Les Belles Lettres, 1950, tome I, p. XI.

sions sont disponibles[8] – édition princeps à Bâle en 1506; édition d'Erasme à Bâle en 1528-1529, à Paris en 1531-1532; édition des théologiens de Louvain en 1576-1577 –, comment croire que celui qui décide de publier ses erreurs, de confesser les erreurs de ses mœurs, n'ait pas été incité à jeter un œil sur les *Confessionum libri tredecim* dont le titre même eût dû retenir son attention? Voilà qui incite à la méfiance...

Montaigne semble bien une fois encore inciter le lecteur à le *déplumer* en lui lançant un défi! Pour le relever, on s'autorisera d'abord de quelques observations générales qui incitent à recevoir avec beaucoup de prudence certaines assertions des *Essais*, et à reconsidérer le silence sur les *Confessions*.

La stratégie de l'intertextualité en milieu humaniste combine volontiers l'exhibition sans discrétion des marques d'autorité, citations, allégations, allusions, réécriture, et le masquage des emprunts, et cela d'autant plus volontiers que leur rôle est précisément important. Montaigne plaide comme on sait en faveur de la libre appropriation de l'œuvre d'autrui, justifiant par exemple, à l'occasion de la formation intellectuelle de l'élève, l'effacement des traces: ne va-t-il pas jusqu'à prétendre insolemment que les noms des auteurs auxquels il emprunte sont «si fameux et anciens qu'ils /lui / semblent se nommer assez sans /lui /»? (II. X. 408). Des marques aux masques, dans ces essais-palimpsestes cachant, pour paraphraser une formule de Gide dans *L'Immoraliste*, «sous les écritures plus récentes, un texte très ancien infiniment plus précieux», un texte cité en occulte souvent un autre, décisif, récrit en filigrane. Le jeu avec l'intertexte est des plus subtils, comme nous en avertit çà et là l'essayiste, et des plus malicieux: combien de fois en effet a-t-il su magistralement «arracher de là» tels discours où l'auteur «n'a que touché simplement» pour les «mettre en place marchande» (I. XXVI.156)! Les citations marquées comme telles se présentent elles-mêmes le plus souvent sans le nom de l'auteur, presque toujours sans la mention de la référence, et la réécriture, *a fortiori*, déguise sa source; dans la dernière séquence du chapitre *D'un enfant monstrueux*[9]:

Ce que nous appelons monstres ne le sont pas à Dieu, qui voit en l'immensité de son ouvrage l'infinité des formes qu'il y a comprises/.. /

---

[8]   Ainsi que des traductions en français, dues à Paul du Mont en 1575, à Aimar Hennequin en 1587.

[9]   Addition postérieure à 1588; la séquence s'achève du reste par une solennelle mise en garde, «Que cette raison universelle et naturelle chasse de nous l'erreur et l'étonnement que la nouvelleté nous apporte», qui ne doit plus rien à Augustin...

> Nous appelons contre nature ce qui advient contre la coutume: rien
> n'est que selon elle, quel qu'il soit. (II. XXX p. 713)

saint Augustin est paraphrasé sans être le moins du monde allégué:

> *Omnia quippe portenta contra naturam dicimus; sed non sunt. Quo
> modo est enim contra naturam, quod Dei fit voluntate, cum voluntas
> tanti utique conditoris conditae rei cujusque sit? Portentum ergo fit non
> contra naturam, sed contra quam est nota natura. (Cité de Dieu* XXI.
> VIII. 2)/ Tous les prodiges, nous les disons contre nature, mais ils ne le
> sont pas. Comment en effet serait contre nature ce qui se produit par la
> volonté de Dieu, puisque c'est la volonté de ce si grand créateur qui est
> à l'origine de tout ce qui est créé? Le prodige se produit non contre la
> nature, mais contre ce que nous connaissons de la nature / contre l'idée
> que nous nous faisons de la nature/ (ma trad.).

Pourtant l'autorité de *La Cité de Dieu* eût été de quelque poids
pour «naturaliser» le monstre! De même dans le chapitre *De l'expérience* la réflexion sur la ressemblance et la différence:

> Ingénieux mélange de nature. Si nos faces n'étaient semblables, on ne
> saurait discerner l'homme de la bête; si elles n'étaient dissemblables, on
> ne saurait discerner l'homme de l'homme (III. XIII. 1070)

calque celle de *La Cité de Dieu*, sans mentionner la référence:

> *Quis enim consulta ratione non videat in hominum innumerabili nume-
> rositate et tanta naturae similitudine valde mirabiliter sic habere singu-
> los facies, ut nisi inter se similes essent, non discerneretur species eorum
> animalibus ceteris, et rursum nisi inter se dissimiles essent, non discerne-
> rentur singuli ab hominibus ceteris?* (XXI. VIII. 3)/ Qui en effet, s'il
> consulte sa raison, ne peut voir dans la multitude innombrable des
> hommes et dans la si grande ressemblance de leur nature que, de façon
> tout à fait étonnante, ils ont chacun un visage particulier, de sorte que
> s'ils n'étaient semblables entre eux, on ne distinguerait pas leur espèce
> des espèces animales, tandis que, à l'inverse, s'ils ne différaient les uns
> des autres, on ne saurait distinguer les individus des autres hommes?
> (ma trad.)

Comment alors ne pas partir en quête des *Confessions*? Montaigne ne les a pas lues? Il n'en sait même ni le contenu ni le titre?
Voire... On relèvera d'abord quelques traces, avant de s'attacher à
deux séquences qui semblent plus décisives.

QUELQUES ÉCHOS DES *CONFESSIONS*

On tiendra certes pour de fragiles indices quelques marques lexi-
cales ou thématiques, dont rien n'assure qu'elles portent trace d'une
lecture; elles suffisent pourtant à éveiller la curiosité... et la méfiance.

Même si celui qui déclare vouloir se confesser religieusement, dans cette séquence de *Sur des vers de Virgile* où précisément Augustin n'est crédité que de la seule confession de ses erreurs d'opinions, loin de rappeler le modèle des *Confessions*, le récuse, certaines formules des *Essais* font écho à celles d'Augustin, dont le projet est en partie – en partie seulement – le même.

Se confesser publiquement, publier ses erreurs, le geste est assez singulier pour que le scripteur soit tenu ici et là de le justifier, mais d'abord de le déclarer solennellement:

A. *...ut hoc confitear non tantum coram te, /.../ sed etiam in auribus credentium filiorum hominum.* (X.IV.6) / ...de sorte que je confesse cela non seulement devant toi /.../ mais aussi aux oreilles des croyants, les fils des hommes.

M. En faveur des Huguenots, qui accusent notre confession privée et *auriculaire, je me confesse en public,* religieusement et purement... (III.V. 846).

La quête d'identité, mieux la quête d'identification, commune à saint Augustin et à Montaigne, s'affirme dans les mêmes termes:

A. *Hic est fructus confessionum mearum, non qualis fuerim,* sed qualis sim... *(ibid)* / Tel est le fruit de mes *Confessions*: / dire / non quel je fus, *mais quel je suis.*

M.: Par ces traits de ma confession, on en peut imaginer d'autres à mes dépens. Mais, quel que je me fasse connaître, pourvu que je me fasse connaître *tel que je suis*, je fais mon effet. (II. XVII. 653).

Ici et là s'affiche la ferme volonté d'être connu par le témoignage personnel, non par celui d'autrui, si favorable soit-il:

A. *Sume... libros, quos desiderasti, Confessionum mearum; ibi me inspice,* ne me laudes ultra quam sum; *ibi non aliis de me crede, sed mihi; ibi me adtende et vide quid fuerim in me ipso per me ipsum.* (*Épître à Darius,* CCXXXI.6). / Prends les livres de mes *Confessions*, que tu as désirés; regarde-moi là / *dans ce livre/*, afin de ne pas me louer plus que je ne le mérite; et là crois à mon sujet, *non ce qu'en disent les autres,* mais ce que j'en dis moi-même; examine-moi là attentivement, et vois par mon propre témoignage ce que je fus en moi-même. (ma trad.)

M.: Je ne me soucie pas tant *quel je sois chez autrui*, comme je me soucie quel je sois en moi-même. (II.XVI. 625)

Je ne veux pas après tout /.../ qu'on aille débattant: Il jugeait, il vivait ainsi/.../ Or, autant que la bienséance me le permet, je fais sentir ici mes inclinations et affections... (III.IX.983).

Le projet de Montaigne, «le sot projet qu'il a eu de se peindre» (Pascal), est tenu de se justifier: à quoi bon écrire, à quoi bon s'écrire? Qui pourra être intéressé par ce portrait, qui est au juste le destinataire de ces aveux ? L'interrogation «Et puis, pour qui écrivez-vous ?»(II.XVII. 657) semble faire écho à celle des *Confessions:*

> *Cui narro haec? (...) Et ud quid hoc?* (II. III. 5)/ Pour qui raconté-je cela? (...) Et dans quelle intention?

Mais plus encore lorsque l'auto-portraitiste doit précisément décrire ce que découvre le geste d'introspection, les similitudes sont remarquables. Augustin, interrogeant cette énigme (*quaestio*) qu'est l'homme, et que le sujet est pour lui-même[10], s'interroge: *Unde hoc monstrum?* (VIII.IX.21), tandis que Montaigne avoue de son côté: «Je n'ai vu monstre et miracle au monde plus exprès que moi-même...» (III. XI. 1029)

La méditation sur le «si profond labyrinthe de difficultés les unes sur les autres», (II. XVII. 634) et sur les «profondeurs opaques» des *«replis* internes» de l'esprit (II. VI. 378) fait assez exactement écho à celle d'Augustin:

> *Quis exaperit istam tortuosissimam et* inplicatissimam *nodositatem?* (II. X. 18)/ Qui débrouillera ce nœud de difficultés si labyrinthique et si plein de replis?

De même, l'analyse paulinienne des deux volontés à l'intérieur d'une seule âme, cette maladie de l'âme (*aegritudo animi*), conduit Augustin à critiquer ceux qui prennent prétexte de cette dualité interne pour soutenir que nous avons deux âmes ayant chacune leur nature, l'une bonne, l'autre mauvaise, *duas naturas duarum mentium esse asseverant, unam bonam, alteram malam.* (VIII.X.22); Montaigne reprend la même analyse de la «variation et contradiction qui se voit en nous, si souple» qui «a fait qu'aucuns nous songent deux âmes, d'autres deux puissances qui nous accompagnent et agitent, chacune à sa mode, vers le bien l'une, l'autre vers le mal» (II. I. 335). La division interne du sujet qui mine son identité problématique est mise en évidence dans le conflit des désirs chez saint Augustin:

> A. *ego eram, qui volebam, ego, qui nolebam; ego ego eram. Nec plene volebam nec plene nolebam.* (VIII. X. 22) / c'était moi qui voulais, moi qui ne voulais pas; moi, c'était moi. Ni je ne «voulais» vraiment, ni je ne «ne voulais pas» vraiment[11].

---

[10] *«Factus eram ipse mihi magna quaestio»* (IV. IV.9)/ J'étais devenu moi-même pour moi une grande énigme.

[11] Je choisis faute de mieux l'agrammaticalité: difficile de rendre le jeu qui distingue d'une seule lettre *volere* et *nolere.* Trad. de P. de Labriolle: «Ni je ne disais

Comme chez Montaigne:

> Car, pour la comprendre toute en un mot, dit un ancien, et pour embrasser en une toutes les règles de notre vie, c'est *vouloir et ne vouloir pas*, toujours, même chose./.../ Nous flottons entre divers avis: *nous ne voulons rien* librement, *rien absolument*, rien constamment. (II. I. 332-333)

Et tandis que saint Augustin oppose la volonté bonne du surmoi et la résistance du moi:

> *imperat animus sibi et resistitur* (VIII. IX. 21) / l'esprit se donne des ordres à lui-même, et il n'y obéit pas,

Montaigne met au jour la dualité inhérente au sujet:

> Mais nous sommes, je ne sais comment, doubles en nous-mêmes, qui fait que ce que nous croyons, nous ne le croyons pas, et ne nous pouvons défaire de ce que nous condamnons. (II. XVI. 619)

Les réflexions d'Augustin sur la difficulté à se connaître:

> *Quid autem* propinquius me ipso *mihi? Et ecce memoriae meae vis non comprehenditur a me.* / Mais quoi de plus voisin de moi-même que moi? Et voici pourtant que je ne puis comprendre l'essence de ma mémoire. (X. XVI. 25)

rencontrent la méditation sceptique de l'*Apologie*:

> Or il est vraisemblable que, si l'âme savait quelque chose, elle se saurait premièrement elle-même (...) *Nous nous sommes plus voisins* que ne nous est la blancheur de la neige, ou la pesanteur de la pierre. Si l'homme ne se connaît, comment connaît-il ses fonctions et ses forces? (II.XII. 561)

De même la méditation sur la mémoire et son immense palais (*aula*) au livre X des *Confessions* rencontre les réflexions des *Essais* sur «le magasin de la mémoire/.../ plus fourni de matière que n'est celui de l'invention» (I.IX. 35), et sur les défaillances de la mémoire volontaire, ne laissant au sujet confus «qu'une vaine image» (III. V. 875-76).

---

pleinement oui, ni je ne disais pleinement non «; de Montandon: «Je n'étais ni en plein à vouloir, ni en plein à ne pas vouloir.» (Le Club du meilleur livre, 1965 p. 183). Trad. Arnauld d'Andilly (1649): «Car je ne le voulais pas pleinement, et je ne m'y opposais pas pleinement.» (*éd. cit.*, p. 282).

A côté de ces divers échos, qui renvoient à un projet en partie commun, on sera plus surpris sans doute de voir quelque similitude dans la représentation de la transcendance. La métaphore de la dette circule des *Confessions* aux *Essais* pour présenter le grand Juge comme ce créancier auprès de qui il est impossible de s'acquitter:

> A. *recipis quod invenis et numquam amisisti... Superogatur tibi, ut debeas, et qui habet quicquam non tuum? Reddis debita nulli debens, donas debita nihil perdens.* (I.IV. 4.) /Tu recouvres ce que tu trouves et pourtant tu ne l'as jamais perdu (...) On te donne au delà de ce qu'on te doit, pour que tu sois débiteur, et pourtant qui possède quelque chose qui ne soit à toi? Tu paies tes dettes sans rien devoir à personne, tu remets les dettes d'autrui sans rien perdre.
>
> M. Ce sont ombrages de quoi nous nous plâtrons et entrepayons; mais *nous n'en payons pas, ainçois en rechargeons notre dette envers ce grand juge* qui trousse nos panneaux et haillons d'autour nos parties honteuses, et ne se feint point à nous voir partout, jusques à nos intimes et plus secrètes ordures[12]. (III. V. 888)

La formule d'Augustin méditant sur les dons de Dieu à la créature, *bonus bona creavit* (VII.VI.7), a pour exact écho celle de Montaigne dans une addition manuscrite: «Tout bon, il a fait tout bon» (III. XIII. 1113). Encore convient-il d'observer que «ce grand et tout puissant donneur» s'appelle ici *nature*:

> J'accepte de bon cœur, et reconnaissant, ce que nature a fait pour moi, et m'en agrée et m'en loue. On fait tort à ce grand et tout puissant donneur de refuser son don, l'annuler et défigurer,

et que l'addition est ponctuée par une citation du *De finibus* de Cicéron («*Omnia quae secundum naturam sunt, aestimatione digna sunt*») qui laïcise l'affirmation. Ne dirait-on que Montaigne reprend et détourne à son profit le texte d'Augustin, comme Pascal reprendra et détournera à son profit le texte de Montaigne?

La réflexion sur le temps, «chose mobile», et sur l'altérité du sujet à la fin de l'*Apologie*, où Montaigne paraphrase Plutarque (*De E Delphico* 19, 392 F et 393 A-B), s'appuie explicitement sur l'opinion des Stoïciens «qu'il n'y a point de temps présent, et que ce que nous appelons présent n'est que la jointure et assemblage du futur et du passé»:

---

[12] Ces *ordures* rappellent cette *putredo* dénoncée par Augustin comme marque du péché originel: «O putredo, o monstrum vitae...» (II. VI. 14).

> Et quant à ces mots: présent, instant, maintenant, par lesquels il semble que principalement nous soutenons et fondons l'intelligence du temps, la raison le découvrant le détruit tout sur le champ: car elle le fend incontinent et le part en futur et en passé, comme le voulant voir nécessairement départi en deux. (II.XII. 603)

Comment ne pas se rappeler pourtant la méditation d'Augustin sur le temps au livre XI des *Confessions*? Il n'y a qu'un seul temps intelligible pour l'homme, le présent, car le passé et le futur sont encore des présents, le présent du passé étant la mémoire, le présent du futur, l'attente:

> *nec futura sunt nec praeterita, nec proprie dicitur «tempora sunt tria»* (XVII.22 et XX.26). / ni le futur ni le passé n'existent, et il est impropre de dire: «il y a trois temps».

Comment mesurer le temps sinon par la conscience subjective?

> *Praetereuntia metimur tempora cum sentiendo metimur.*/ Nous mesurons le temps qui passe en le mesurant par le sentiment que nous en avons. (XI.XIV. 17).

Et Montaigne:

> Autant en advient-il à la nature qui est mesurée, comme au temps qui la mesure. (603)

La méditation sur le temps et sa mesure personnalisée dans le chapitre *De l'expérience* n'est-elle pas ensemencée par la lecture de saint Augustin?

> J'ai un dictionnaire tout à part moi: je passe le temps quand il est mauvais et incommode; quand il est bon, je ne le veux pas passer, je le retâte, je m'y tiens... (III. XIII. 1111)

Certes ce sont peut-être des rencontres fortuites; elles accusent du reste à la fois les ressemblances et les différences entre les deux projets: c'est sans doute parce que le dessein de l'un *n'est pas* celui de l'autre que Montaigne, déplaçant l'enquête sur soi du champ théologique sur le terrain d'une anthropologie laïcisée, efface les traces des *Confessions* qui hantent sa mémoire. Du *confiteor*, une fois mise à l'écart la confession de gloire, la louange du créateur, reste l'aveu des faiblesses, mais accompagné ici du repentir, là de l'acceptation sereine de l'humaine condition.

Deux séquences des *Confessions* présentent cependant des analogies si troublantes avec les *Essais* qu'il vaut la peine de s'y arrêter: le récit d'apprentissage, et le «poème de l'amitié», selon l'heureuse formule de l'éditeur-traducteur P. de Labriolle.

LE RÉCIT D'ÉDUCATION ET LE LATIN SANS LARMES

Plusieurs motifs rapprochent les deux récits d'éducation. Et d'abord, sans qu'on puisse trop s'en étonner, le topos du martyre de l'écolier aux mains de maîtres trop rigoureux. Au livre I des *Confessions*, Augustin évoque avec fureur dans un tableau saisissant les instruments de torture dont use l'école, les *tormenta – eculeos et ungulas*, les chevalets et les ongles de fer (I.IX.15) – inspirant une crainte si forte que pour les éviter montent vers Dieu par tout l'univers les supplications des enfants suppliciés (*pro quibus effugiendis tibi per universas terras cum timore magno supplicatur);* il se rappelle les coups reçus (*vapulabam*, j'étais étrillé, je recevais une volée de coups), à la grande satisfaction des adultes (*Laudabatur enim hoc a majoribus*), et même de ses propres parents qui rient des châtiments corporels (I.IX.14)[13], les douleurs, les plaies (*plagae meae*), bref les misères de l'écolier en proie à la fureur des maîtres. Aux coups reçus, aux plaies, aux instruments de torture, aux menaces de châtiment éveillant la terreur du petit Augustin (I. IX.4 et XIV.23), qui composent le tableau d'un enseignement détestable, répond l'évocation de la déplorable discipline des collèges dans le chapitre *De l'institution des enfants*:

> Quelle manière pour éveiller l'appétit en leur leçon/.../ de les y guider d'une trogne effroyable, les mains armées de fouets?/.../ Combien leurs classes seraient plus décemment jonchées de fleurs et de feuilles que de tronçons d'osier sanglant. (I. XXVI. 166)
> On leur donne à coups de fouet en garde leur pochette pleine de science (*ibid.* 177)

La police de l'école fréquentée par le petit Augustin ressemble à plusieurs siècles de distance à «cette police de la plupart de nos collèges», «une vraie geôle de jeunesse captive»:

> Arrivez-y sur le point de leur office: vous n'oyez que cris et d'enfants suppliciés, et de maîtres enivrés en leur colère (I. XXVI.166),

tandis que ces *maîtres enivrés* rappellent les *maîtres enivrés* que dénoncent les *Confessions:*

> *Non accuso verba quasi vasa lecta et preciosa, sed vinum erroris, quod in eis nobis propinabatur* ab ebriis doctoribus. (I. XVI. 26) / Je n'accuse

---

[13] Le motif apparaît deux fois à peu de distance:» *ridebantur ... usque ad ipsis parentibus /.../ plagae meae*» (IX. 14), et «*parentes nostri ridebant tormenta, quibus pueri a magistris affligebamur*» (IX. 15).

pas les mots, qui sont comme des vases choisis et précieux, mais le vin d'erreur qui nous y était versé par des maîtres ivres.

Montaigne condamne avec même sévérité l'institution scolaire qui ne connaît pas une «sévère douceur», mais seulement la rigueur:

> Au lieu de convier les enfants aux lettres, on ne leur présente, à la vérité, que horreur et cruauté. Otez-moi la violence et la force. (165).

Critiquant les matières enseignées, l'un et l'autre regrettent l'importance du bien dire. Augustin condamne la subordination de la philosophie morale à l'art de bien dire, d'écrire *copiose ornateque* (I.XVIII.28), comme Montaigne le fera:

> Ce n'est pas à dire que ce ne soit une belle et bonne chose que le bien dire, mais non pas si bonne qu'on la fait; et suis dépit de quoi notre vie s'embesogne toute à cela. (I. XXVI.173)

Augustin regrette qu'on propose en modèles aux écoliers des puristes soucieux seulement d'éviter solécisme et barbarisme dans le récit de leurs bonnes actions, loués de savoir composer la narration scandaleuse de leur débauche avec l'abondance requise et les ornements du beau style; et il se désole de constater que les petites règles (grammaticales) sont mieux observées que les grandes règles (morales et spirituelles):

> *Vide, domine deus meus, et patienter, ut vides, vide, quomodo diligenter observent filii hominum pacta litterarum et syllabarum accepta a prioribus locutoribus, et a te accepta aeterna pacta perpetuae salutis neglegant...* (I. XVIII. 29). / Vois, seigneur mon Dieu, et avec patience, comme tu vois, vois comment les fils des hommes observent scrupuleusement en ce qui concerne les lettres et les syllabes les lois reçues des premiers locuteurs, alors qu'ils négligent les lois éternelles de salut perpétuel qu'ils ont reçues de toi.

Il se scandalise de voir ceux qui commettent une faute contre la grammaire (*contra disciplinam grammaticam*) être jugés plus coupables que ceux qui commettent une faute contre les préceptes de Dieu (*contra tua praecepta*).

Montaigne à son tour critiquera les «gentillesses» de la grammaire et de la logique qui «ne servent que pour amuser le vulgaire» (I. XXVI.169-170), l'apprentissage dérisoire des syllogismes, «Barrocco» et «Baralipton» (161), et de la rhétorique, les subtilités de la grammaire (II.X.414), et il opposera aussi aux petites règles les vrais devoirs:

> La sagesse de ma leçon est en vérité, en liberté, en essence, toute; dédaignant, au rôle de ses vrais devoirs, ces petites règles feintes, usuelles, provinciales... (III. V. 888),

ici encore, il faut évidemment le noter, en laïcisant la leçon, de spirituelle devenue morale.

On remarquera encore la même insistance à opposer libre curiosité et contrainte dans la pédagogie:

> A. *Hinc satis elucet majorem habere vim ad discenda istam liberam curiositatem quam meticulosam necessitatem* (I.XIV. 23)./ De là il devient assez évident que cette libre curiosité a plus d'importance dans l'apprentissage qu'une contrainte qui effraie.
> M. Qu'on lui mette en fantaisie une honnête curiosité de s'enquérir de toutes choses. (I. XXVI. 156)
> A.: *non amabam litteras et me in eas urgeri oderam.* (I. XII. 19)
> Je n'aimais pas les lettres, et je détestais qu'on me forçât à les étudier.
> M. / *Mon père* /avait été conseillé de me faire goûter la science et le devoir par une volonté non forcée et de mon propre désir, et d'élever mon âme en toute douceur et liberté, sans rigueur et contrainte. (174)

Saint Augustin et Montaigne dessinent avec une sorte de jubilation leur portrait en cancre, ou au moins en élève rebelle, plein de dons pour l'étude, apprenant aisément, mais refusant l'obligation et la rigueur...

Voici plus curieux, peut-être: l'un et l'autre disent n'avoir guère de goût pour le grec, et accompagnent cette déclaration d'un aveu d'ignorance (suspect dans les deux cas):

> A. *Graecas litteras oderam.* (XIII.20)/ Je haïssais les lettres grecques[14].
> *Et ego quidem graecae linguae perparum assecutus sum, et prope nihil.* / Et de la langue grecque, je n'ai pu avoir que fort peu d'intelligence, et même quasiment point du tout. (*Contra Litteras Petiliani*, II.XXX-VIII.91, cit. par Labriolle p. 17, ma trad.)
> M. Quant au grec, duquel je n'ai quasi du tout point d'intelligence... (I. XXVI.174)

Et la même antithèse du doux et de l'amer, du sucre et du fiel, illustre les qualités et les défauts de l'enseignement et de l'apprentissage:

> A. *Videlicet difficultas, difficultas omnino ediscendae linguae peregrinae quasi felle aspergebat omnes suavitates graecas fabulosarum narrationum.* / A l'évidence la difficulté, la difficulté d'apprendre parfaitement les rudiments d'une langue étrangère arrosait pour ainsi dire *de fiel* toutes les *douceurs* grecques des récits fabuleux. (I.XIV.23)

---

[14] Et plus loin encore: «Cur ergo graecam etiam grammaticam oderam talia cantantem?» (XIV. 23).

M. On doit *ensucrer* les viandes salubres à l'enfant, et *enfieller* celles qui lui sont nuisibles. (I. XXVI.166)

Rappelant que «le premier goût» qu'il eut aux livres lui vint «du plaisir des fables de la Métamorphose d'Ovide»[15], Montaigne commente le plaisir de cette lecture en ajoutant: «d'autant que cette langue était la mienne maternelle...» (I. XXVI. 175).

Le récit d'apprentissage du latin sans larmes est construit ici et là dans un savant contraste:

A. *Nam et latina aliquando infans utique nulla noveram et tamen advertendo didici sine ullo metu atque cruciatu inter etiam blandimenta vero nutricum et joca arridentium et laetitias alludentium. Didici vero illa sine poenali onere urgentium, /.../ id quod non esset, nisi aliqua verba didicissem non a docentibus, sed a loquentibus...* (I.XIV. 23)[16] / Car encore tout enfant j'ignorais aussi tous les mots latins, et cependant je les ai appris par l'observation sans aucune crainte, sans nulle souffrance, même dans les caresses de mes nourrices, et dans les badinages des rieurs et les plaisanteries de mes compagnons de jeux. Je les ai appris à la vérité sans le poids des punitions qui s'attache aux nécessités pressantes, /.../ ce qui n'eût pas été possible, si je n'avais appris quelques mots, non point des maîtres d'école, mais des gens qui parlaient.
M. ... *en nourrice et avant le premier dénouement de ma langue,/.../* c'était une règle inviolable que ni lui-même / *mon père* /, ni ma mère, ni valet, ni chambrière, ne parlaient en ma compagnie qu'autant de mots de latin que chacun avait appris pour jargonner avec moi/.../ Et, sans art, sans livre, sans grammaire ou précepte, sans fouet et sans larmes, j'avais appris du latin, tout aussi pur que mon maître d'école le savait... (I. XXVI.173)

Sans fouet et sans larmes, sans crainte et sans souffrances, en manière de jeu, au milieu des caresses et des plaisanteries (*inter etiam blandimenta et joca*), la langue latine est apprise par l'un et l'autre dans le commerce quotidien des hommes et des femmes de l'entourage familier (*a loquentibus*), des nourrices ou des chambrières, comme une langue vivante, entendue et parlée avant d'être lue et écrite.

---

[15] Voir sur ce point François Rigolot, *Les métamorphoses de Montaigne*, PUF, 1988.

[16] *et latina*: *verba*, présent dans la phrase précédente, est sous-entendu; *infans*: petit enfant qui ne parle pas encore, nourrisson; «avant le premier dénouement de ma langue» traduit exactement *infans*.

L'AMITIÉ PARFAITE ET LA MORT DE L'AMI

Plus étonnante encore, la ressemblance entre deux séquences d'auto-analyse suscitées par un événement marquant l'histoire personnelle, un accident biographique, la mort d'un ami très cher.

Bien que Montaigne assure que son amitié pour Etienne de la Boétie fut «si entière et si parfaite que certainement il ne s'en lit guère de pareilles» (I. XXVIII. 184), il s'en lit une à peu près pareille au livre IV des *Confessions:* Augustin évoque avec émotion une amitié «*dulcis* (...) nimis, *cocta fervore* parilium studiorum*», extrêmement douce, mûrie par la chaleur de goûts identiques (IV.IV.7.), qui n'est pas sans rappeler cette «*chaleur* générale et universelle,/.../, une chaleur constante et rassise, toute *douceur*», qu'évoque le chapitre *De l'amitié* (I. XXVIII. 186).

Le «poème de l'amitié» est dans les *Confessions* comme dans les *Essais* un éloge funèbre, des obsèques: «Est-ce pas un pieux et plaisant office de ma vie, d'en faire à toujours les obsèques?»[17], car l'ami parfait est nécessairement un ami mort; dans une même tonalité d'exaltation, fréquente dans les *Confessions*, plus rare dans les *Essais*, la célébration solennelle s'achève sur une même méditation qu'articulent deux motifs, «moi sans lui», et «le monde sans lui». Voici d'abord quelques ressemblances qu'on pourra considérer comme de simples rencontres dues à la topique générique, à la fois aux stéréotypes du discours philosophique «de amicitia», et aux codes qui régissent l'éloge funèbre.

La qualité d'une amitié si fervente est définie en des termes passionnés qui conviendraient tout autant à l'union amoureuse:

> A. *non discedebam et nimis pendebamus ex invicem./* je ne m'éloignais pas de lui et nous étions excessivement suspendus / *attachés* / l'un à l'autre) (IV.8)
> M. Nous nous trouvâmes si pris, si connus, si obligés entre nous, que rien dès lors ne nous fut si proche que l'un à l'autre (I. XXVIII.188)

L'âme de l'ami se perd en celle du compagnon:

> A. *Mecum jam errabat in animo ille homo, et non poterat anima mea sine illo.* (IV. 7)./ Cet homme déjà *se perdait* avec moi en pensée, et mon âme sans lui n'avait aucun pouvoir.
> M. C'est je ne sais quelle quintessence de tout ce mélange qui, ayant saisi toute ma volonté, l'amena se plonger et *se perdre* dans la sienne;

---

[17] Texte donné par l'édition de 1595.

qui, ayant saisi toute sa volonté, l'amena se plonger et *se perdre* en la mienne, d'une faim, d'une concurrence pareille. (189)

L'amitié si parfaite fut brève, elle ne dura que quatre ans pour l'un, un an pour l'autre:

> A. *Ecce abstulisti hominem de hac vita, cum vix explevisset annum in amicitia mea, suavi mihi super omnes suavitates illius vitae meae.* (IV.7)/ Voici que tu ôtas cet homme de cette vie, alors qu'il n'avait passé qu'une année à peine dans mon amitié, *plus douce pour moi que toutes les douceurs de cette mienne vie.*
> M. Car, à la vérité, si je compare *tout le reste de ma vie*, quoi qu'avec la grâce de Dieu je l'aie passée *douce* (...), si je la compare, dis-je, toute aux quatre années qu'il m'a été donné de jouir de la *douce* compagnie et société de ce personnage, ce n'est que fumée... (193)

La mort de l'ami marque une rupture décisive dans l'existence, désormais enténébrée par le deuil:

> A. *Quo dolore contenebratum est cor meum.* (IV.9)/ Par cette douleur mon cœur se couvrit de ténèbres.
> *amiseram gaudium meum.* (VI.1)/ J'avais perdu ma joie.
> M. tout le reste de ma vie, (...) ce n'est qu'*une nuit obscure* et ennuyeuse. (193)

Et l'évocation du monde auquel manque cruellement la présence de l'ami insiste pareillement sur le dégoût qu'apportent alors les plaisirs et les beautés de la nature:

> A. *Nec requies erat nec consilium... Non in amoenis nemoribus, non in ludis atque cantibus, nec in suave olentibus locis/.../ adquiescebat. Horrebant omnia et ipsa lux.* (VII. 12)./ Je n'avais plus ni repos ni projet (...) Mon cœur ne trouvait pas le repos dans les bois pleins de charmes, ni dans les jeux et les chants, ni dans les lieux suavement parfumés (...) Tout me faisait horreur, même la lumière du jour.
> M. Depuis le jour que je le perdis,/.../ je ne fais que traîner languissant; et les plaisirs mêmes qui s'offrent à moi, au lieu de me consoler, me redoublent le regret de sa perte. (193)

Mais voici surtout quelques marques qui semblent attester de façon plus décisive une lecture fervente de ce poème fervent. L'amitié parfaite ne fait plus qu'une âme et un cœur des deux personnes si étroitement liées:

> A.: *quasi fomitibus conflare animos et ex pluribus unum facere.* (VIII. 13)./ /En l'amitié / les âmes se confondent comme avec des scintilles, et de plusieurs n'en font plus qu'une.
> M.: Elles /nos âmes/ *se mêlent* et confondent l'une en l'autre, d'un mélange si universel, qu'elles effacent et ne retrouvent plus la couture qui les a jointes. (188)

Une âme en deux corps:

> A. *Nam ego sensi animam meam et animam illius unam fuisse animam in duobus corporibus.* (VI.11)/ Car moi j'ai bien senti que mon âme et son âme n'étaient qu'une seule âme en deux corps.
> M. tout étant par effet commun entre eux... et leur convenance n'étant qu'une âme en deux corps. (190)

Ayant perdu sa moitié, sa meilleure moitié, le survivant ne vit plus qu'à moitié:

> A. *Bene quidam dixit de amico suo: dimidium animae suae... nolebam dimidius vivere.* (VI. 11)/ Il s'exprima bien celui qui disait de son ami qu'il était la moitié de son âme... Je ne voulais pas vivre à demi.
> M. Nous étions à moitié de tout (...) J'étais déjà si fait et si accoutumé à être deuxième partout, qu'il me semble *n'être plus qu'à demi.* (193)

Une âme qui se perd en une âme-sœur, une âme *qui errabat in animo;* deux âmes qui se mêlent et se confondent, une âme en deux corps, *unam animam in duobus corporibus;* n'être qu'à demi, *dimidius vivere:* comment porter au seul compte de la topique d'un discours *de amicitia* de telles similitudes, au reste convenant plus à la description des amours partagées qu'à celle de l'amitié virile? Un même motif (une même dénégation?) insiste d'ailleurs ici et là: rien de charnel dans la parfaite amitié[18]. Augustin assure que l'ami véritable ne demande rien au corps de son ami que les marques de son amitié, de son amour («*nihil quaerens ex ejus corpore praeter indicia benevolentiae*»[19], IX. 14); pour Montaigne, l'amitié, au rebours de l'amour qui «n'est qu'un désir forcené après ce qui nous fuit», «est jouie à mesure qu'elle est désirée, ne s'élève, se nourrit, ni ne prend accroissement qu'en la jouissance comme étant spirituelle, et l'âme s'affinant par l'usage» (186).

On comprend que, désireux de marquer le caractère unique de cette liaison, Montaigne ait pris soin de citer plutôt Cicéron (*De*

---

[18] On sait que Montaigne prend grand soin de bien distinguer son amitié passionnée de cette «licence grecque», «justement abhorrée par nos mœurs» (I. XXVIII. 187). Augustin soulignait au livre précédent, évoquant sans doute ses liaisons homosexuelles, que le flot de l'amitié se jette parfois dans le gouffre des noires voluptés, où il se transforme et se perd: l'amitié célébrée au livre IV n'est pas de cette sorte.

[19] *Benevolentia*: le fait de vouloir du bien, d'aimer; cf l'italien «Ti voglio bene» (Je t'aime).

amicitia et les *Tusculanes*) et les poètes (Horace, Virgile, Térence, Catulle, l'Arioste) que saint Augustin. Faut-il d'ailleurs mettre au compte de la topique, ou de la «psychologie» du temps, ou d'un autre emprunt, la description exaltée de la rencontre providentielle ? Certains n'ont pas manqué de dire leur surprise devant le surgissement imprévu d'un irrationalisme qui marque, d'une nuance rare dans les *Essais*, l'évocation de la première rencontre :

> Il y a, au delà de tout mon discours, et de ce que j'en puis dire particulièrement, ne sais quelle force inexplicable et fatale, médiatrice de cette union. Nous nous cherchions avant que de nous être vus, et par des rapports que nous oyions l'un de l'autre, qui faisaient en notre affection plus d'effort que ne porte la raison des rapports, je crois par quelque ordonnance du ciel : nous nous embrassions par nos noms. Et à notre première rencontre, qui fut par hasard en une grande fête et compagnie de ville, nous nous trouvâmes si pris, si connus, si obligés entre lors, que rien dès lors ne nous fut si proche que l'un à l'autre. /.../ c'est je ne sais quelle quintessence de tout ce mélange, qui ayant saisi toute ma volonté l'amena se plonger et se perdre dans la sienne... (I. XXVIII.188)

Une même tonalité se trouve en tout cas ailleurs. Dédicaçant «à un sien ami» sa *Géomance abrégée* (1574), le poète Jean de la Taille ajoute ce récit à l'appui de sa thèse, qui rapporte «l'inclination nécessaire et d'amour et de haine entre les hommes, les bêtes, les oiseaux, voire entre les plantes» à «l'amitié et inimitié que Saturne, Jupiter, Mars, le Soleil, Vénus, Mercure et la Lune ont entre eux» :

> Dont je ne veux, quant aux hommes, alléguer autre preuve que toi-même, qui, étant de Picardie de l'antique et honorable maison de Senarpont, et moi d'une autre contrée et d'une famille en Beauce non moins antique que noble, fus contraint néanmoins, ne m'ayant jamais vu auparavant, mais à l'improviste, durant les deux ans derniers de notre guerre civile, rencontré à la campagne sous une cornette de m'aimer merveilleusement et de m'accoster pour contracter amitié ensemble et jurer une fraternité d'armes avec moi qui suis d'un tel cœur que jamais nul ne m'aima que je l'aimasse. Et m'ayant souvent confessé avoir été poussé à m'aimer par je ne sais quoi que connaissant en moi tu ne pouvais connaître, tu t'émerveillais de cela, vu qu'auparavant tu ne me connaissais ni de face ni de renommée, étant encore mon nom peu connu des hommes. Voilà pourquoi en reconnaissance de ta franche amitié, causée par les astres, je t'ai dédié cette Géomance[20].

Le coup de foudre de la merveilleuse affection, survenu «par hasard» ici, «à l'improviste» là, est pareillement rapporté ici à «quelque ordonnance du ciel», à quelque «force inexplicable et fatale,

---

[20] J. de la Taille, *Œuvres*, éd. R. de Maulde, tome III, Paris, L. Willem Editeur, 1882, p. CXCVIII-IX. Je modernise l'orthographe.

médiatrice de cette union», là aux astres, et la parfaite amitié ne saurait s'expliquer, comme l'amour, que par un je ne sais quoi[21].

Il est clair en tout cas que Montaigne tient à ce que ces pages sur une amitié unique en son genre soient uniques en leur genre. L'opération a du reste parfaitement réussi: les critiques en sont tellement persuadés qu'ils n'ont guère été sensibles aux ressemblances ou aux emprunts. Qu'importent du reste ceux-ci ou celles-là? Le poème *De l'amitié* a suffisamment de vigueur, de chaleur, et de subtilité pour se soutenir en effet de ses propres grâces...

LES RAISONS D'UN SILENCE

Des deux hypothèses, ou bien Montaigne a lu *Les Confessions* et prétend le contraire à dessein, ou bien il ne les a pas lues, la deuxième paraît encore plus difficile à expliquer: on ne voit aucune raison qui puisse rendre compte d'une telle lacune dans les lectures de Montaigne, alors qu'on peut sans doute comprendre les raisons du silence.

Pour tenter d'en rendre compte, en considérant que tout aurait dû attirer l'attention de Montaigne sur ce chef-d'œuvre qui inaugure si brillamment la littérature de l'aveu, il ne suffit pas d'alléguer les stratégies communes au monde des humanistes, ni mêmes celles qui sont propres à Montaigne, et dont il commente lui-même les ruses: il faut encore considérer les caractéristiques de l'essai, ce genre hors-normes qui crée ses propres normes à partir du recyclage de genres traditionnels, parmi lesquels le modèle de la *Vie* tel que le définit Amyot traducteur de Plutarque. Le genre de l'essai tient à afficher d'entrée de jeu sa nouveauté et sa singularité, et, avec elles, sa bizarrerie, son étrangeté, son extravagance: se posant en s'opposant, il a besoin d'effacer les traces de ses antécédents. Regretter que Plutarque ou la Boétie n'aient pas laissé de mémoires de leur vie, déplorer que César ait été «trop épargnant à parler de soi» (II. X. 417), que Tacite n'ait osé «parler rondement de soi» (III. VIII. 942), mais «oublier» qu'il existe un monument de la littérature chrétienne qui est aussi un modèle d'écriture personnelle, liant la problématique du sujet à celle de l'écriture, voilà qui serait bien étrange si l'on n'y voyait le désir d'assurer à tout prix la radicale nouveauté d'une entreprise sans exemple.

---

[21] Cf Boaistuau: «Les autres /.../ ont dit qu'amour était un je ne sais quoi, qui venait je ne sais comment, et s'enflammait je ne sais comment, chose certaine et véritable», *Le théâtre du monde* (1558), éd. M. Simonin, Droz, 1981, p. 215.

Le genre auto(bio)graphique pratique du reste, après Montaigne, ce même geste, et l'affirmation de la nouveauté deviendra un topos générique, ainsi que celle de la différence du livre avec ses prédécesseurs. Rousseau, lui aussi habile à exhiber et masquer ses lectures, tient tout particulièrement à se démarquer de Montaigne, en affichant *avec les mots mêmes* des *Essais* la singularité et l'audace de son entreprise; il se borne à ajouter hardiment au motif du «livre sans exemple» le nouveau motif du «livre sans imitateur»... Après Montaigne, après Rousseau, l'autobiographe a toujours le souci de se mesurer aux prédécesseurs, et il lui faut presque nécessairement déclarer qu'il ne fait pas, qu'il ne fera pas, ce qu'a fait Montaigne, ce qu'a fait Rousseau. A l'inverse, du reste, tel invoquera le patronage du saint, sans pour autant s'en inspirer: Verlaine, qui affiche sa dette à l'égard de «l'adorable évêque d'Hippone» dans son titre, les *Confessions*, et dans son texte, ne pratique pas le même geste qu'Augustin, même s'il avoue des «peccadilles»[22]...

Montaigne peut bien reconnaître sa dette à l'égard de Plutarque-Amyot (encore que la reconnaissance soit oblique), mais il lui faut oublier et faire oublier les *Confessions*. Mauvaise foi? Pas seulement. Les *Confessions* sont à la fois exemplaires et contre-exemplaires. Exemplaires par le projet de se peindre tout nu, dans son ordure et sa vilénie, et d'offrir au genre humain le portrait d'un monstre en lequel chacun doit se reconnaître; par la volonté de débusquer non seulement le vice et le péché, mais les intimes dissonances, les secrètes contrariétés du sujet, sous le regard de l'Autre, non certes des petits juges, d'avance disqualifiés, mais du grand Autre, du grand Juge. Contre-exemplaires pourtant, car le dessein d'avouer ses fautes *in conspectu tuo (sous ton regard, Seigneur)* à ses semblables pour les inciter à se convertir, pour les tourner vers l'amour de Dieu, est tout différent de celui des *Essais*.

Récusant les postulats métaphysiques et posant (comme Plutarque encore) que «nous n'avons aucune communication à l'être»[23], Montaigne souhaite interroger l'humaine condition et composer une pièce de l'anthropologie descriptive moderne[24]. Ici, dans les *Confessions*, une créature humiliée; là, dans les *Essais*, un particulier,

---

[22] Sur ces points, je me permets de renvoyer à mon livre *La scène judiciaire de l'autobiographie*, PUF, 1996.

[23] Ἡμῖν μὲν γὰρ ὄντως τοῦ εἶναι μέτεστιν οὐδέν... (*De E Delphico* 18, 392 B; trad. Amyot: «Car à le bien prendre, nous n'avons aucune participation du vrai être...» (*Que signifiait ce mot* εἰ / *Qui était engravé sur les portes du temple d'Apollo en la ville de Delphes, op. cit.*, tome 22, p. 51).

[24] Voir H. Friedrich, *Montaigne*, p. 104-155.

un individu, cherchant à jouir loyalement de son être. Les *Confessions* d'Augustin sont bien en effet à l'horizon du genre et de l'écriture des *Essais*, mais ce livre exemplaire ne peut l'être qu'à contrepoil. En un sens, Montaigne écrit *avec* les *Confessions, contre* les *Confessions*.

Si l'on est convaincu qu'il les a lues, et lues de près, on pourra formuler quelques hypothèses pour expliquer son silence, rappeler les pratiques courantes dans le monde humaniste, l'appropriation avec effacement des marques d'emprunt, si caractéristique de la manière des *Essais*; et invoquer la nécessité d'oublier et de faire oublier les antécédents d'un genre qui veut s'affirmer comme sans antécédents, et peut-être encore le souci de ne pas risquer de voir assimiler son livre à un ouvrage dont le projet est en partie différent... Chacune, certes, a sa validité. Mais là n'est pas l'essentiel: qu'il suffise de surprendre une parenté proche entre les deux monuments de la littérature autographique – plus qu'autobiographique –, dans la mesure où ici et là la problématique de l'écriture est intimement liée à la problématique du sujet; et d'observer une fois encore que tout texte se nourrit de textes, et qu'après les avoir savourés et ruminés, digérés, excrétés, il peut enfin se déclarer auto-suffisant, et faire de ces fleurs butinées un miel tout sien.

CHAPITRE VIII

DES MARQUES AUX MASQUES

Comme au Moyen Age, la production du texte est encore conçue à la Renaissance comme «une re-production du modèle»[1]: l'écriture reste pour l'essentiel une réécriture, tandis que la reproduction s'inscrit dans la dialectique d'une transformation. Rappellons-nous la provocante déclaration de Du Bellay:

> Et puis je me vante d'avoir inventé ce que j'ai mot à mot traduit des autres[2].

La théorie littéraire assure que l'imitation-innutrition ne se pratique d'ailleurs pas «à pied levé» comme dit encore Du Bellay:

> Mais entende celui qui voudra imiter, que ce n'est chose facile de bien suivre les vertus d'un bon auteur, & quasi comme se transformer en lui (...). Je t'admoneste donques (ô toi qui désires l'accroissement de ta Langue, & veux exceller en icelle) de non imiter à pied levé...[3]

La réflexion de la Renaissance a l'avantage de mettre au jour, avec l'importance de l'intertextualité, l'opération de transformation, le travail d'invention de l'écriture, montrant qu'un texte littéraire se nourrit toujours de textes, qu'il absorbe, digère et excrète... Et l'on sait que l'écriture humaniste combine le recours aux autorités, l'allégation des bons et anciens auteurs, et «l'invention», propre à l'imagination individuelle, la création ou la re-création de formes qui produisent du sens, un autre sens.

Même lorsqu'il s'agit d'un genre hors normes comme celui de l'essai, auquel on ne saurait assigner *un* modèle, divers modèles ou anti-modèles présents à l'horizon du texte déterminent en partie son régime de discours, et les traits de son écriture; et l'essai précisément, tout singulier qu'il est, si «étranges» ou «bizarres» que soient

---

[1] P. Zumthor, *Essai de poétique médiévale*, Le Seuil, 1972, p. 76.
[2] Du Bellay, Seconde préface de *L'Olive*, éd. Chamard, Nizet, 1982, p. 19.
[3] Id. *La Deffence et Illustration de la Langue Françoyse*, éd. Chamard, Didier, 1961, p. 46-47.

sa matière et sa manière, ne cesse d'absorber des textes et de s'en nourrir, après les avoir transformés. L'essayiste qui se présente dans le chapitre *Des livres* en «homme de quelque leçon», mais en «homme de nulle rétention» (II. X, 408), ne cesse en effet de lire, et de réfléchir à l'opération de lecture; mais dans le régime libre du commentaire digressif qu'il a choisi, tantôt il exhibe les sources et modèles de sa réflexion, tantôt il procède par allusion, ne se sentant point nécessairement tenu de «marquer l'auteur» auquel il emprunte.

L'EFFACEMENT DES MARQUES

Comme bon nombre d'œuvres humanistes, les *Essais* sont le lieu d'un subtil travail de marquage et de masquage de leurs sources et références. Mais Montaigne a eu, plus qu'un autre, l'habileté de théoriser l'effacement des traces; il propose par exemple, dans une addition manuscrite au chapitre *Des livres*, des justifications qui, en dépit de leur habileté, n'emportent pas tout à fait l'adhésion:

> Je ne compte pas mes emprunts, je les poise./.../ Es raisons et inventions que je transplante en mon solage et confonds aux miennes, j'ai à escient omis parfois d'en marquer l'auteur, pour tenir en bride la témérité de ces sentences hâtives qui se jettent sur toute sorte d'écrits, notamment jeunes écrits d'hommes encore vivants, et en vulgaire, qui reçoit tout le monde à en parler et qui semble convaincre la conception et le dessein, vulgaire de même. Je veux qu'ils donnent une nasarde à Plutarque sur mon nez, et qu'ils s'échaudent à injurier Sénèque en moi. Il faut musser ma faiblesse sous ces grands crédits. J'aimerais quelqu'un qui me sache déplumer, je dis par clarté de jugement et par la seule distinction de la force et beauté des propos... (II.X. 408; add.C)

A prendre ces déclarations au pied de la lettre, le geste de masquage des sources ne serait ainsi qu'un jeu délibéré destiné à ridiculiser l'adversaire, ce lecteur superficiel et colérique qui se jette sans discernement dans l'activité critique de dénigrement. Toutefois l'intention explicite est d'abord présentée comme ludique, et l'adverbe «parfois» (une litote!) semble assurer l'humeur capricieuse du joueur, qui tantôt marquerait, tantôt omettrait de marquer l'auteur auquel il emprunte, alors même que la réflexion suggère une éthique de la lecture: le téméraire lecteur, par sa légèreté coupable, son manque de diligence, son stupide dédain du vulgaire (du français), est en somme déclaré responsable de cette tactique d'égarement qui vise à le confondre; et le ton malicieux ne dissimule guère une espèce d'agressivité joyeuse qui veut rendre coup pour coup, répondre par une provocation aux injures et aux blessures que provoque une critique hâtive et mal fondée. Voilà déjà quelque ambiguïté dans la démarche: la dissimulation des emprunts ne serait-elle qu'une défense légitime contre les interprétations hâtives? Qu'une ingénieuse tactique de discrimination, visant à mettre à l'écart le lecteur hâtif pour attirer le lecteur diligent? Répond-elle au seul souci pédagogique de s'assurer une lecture attentive et studieuse? Car celui-là même qui dessine complaisamment son portrait en lecteur négligent:

> Je ne cherche aux livres qu'à m'y donner du plaisir par un honnête amusement. (...) Les difficultés, si j'en rencontre en lisant, je n'en ronge pas mes ongles; je les laisse là, après leur avoir fait une charge ou deux (409),

déteste le lecteur négligent des *Essais*:

> Qui est celui qui n'aime mieux n'être pas lu que de l'être en dormant ou en fuyant? (...) En telle occupation, à qui on ne veut donner une seule heure on ne veut rien donner. (III.IX. 995)

Le portrait du mauvais lecteur est dessiné avec une espèce de violence méprisante qui peut surprendre: le «personnage hardi» qui, selon Pasquier, «prenait plaisir de déplaire plaisamment», se souciait aussi de plaire, et n'appréciait guère les critiques, jugées impertinentes!

Au premier motif présenté, s'ajoute une autre justification, bien différente: cacher ses emprunts serait un geste de protection! «Mussant» sa faiblesse en se couvrant des riches habits d'autrui, l'auteur ne s'avancerait masqué que pour ne pas exhiber la désolante nudité de ses propos. Mais la métaphore sub-liminale du masque et du déguisement n'est guère compatible avec la métaphore agricole: qui transplante en son solage des semences qu'il mêle avec les siennes au point de les confondre n'est plus alors «à couvert»: il devient auteur-garant responsable, et les lecteurs n'ont sans doute pas tout à fait tort de donner éventuellement à Plutarque une nasarde sur le nez de Montaigne! Comment soutenir en même temps deux points de vue contraires, dire tantôt: «Ce n'est non plus selon Platon que selon moi», et tantôt: «Ce n'est pas moi qui dis cela, c'est Platon (ou Plutarque ou Sénèque)»?

On pourra voir encore une autre espèce de contradiction dans l'argumentation: si les emprunts à un Plutarque, à un Sénèque, les écrivains tant aimés, sont destinés à servir de caution par leur crédit aux opinions soutenues, pourquoi ne pas en citer les auteurs? Pourquoi refuser leur «autorité»? Pour le seul plaisir de montrer, après coup, que la nasarde ne peut s'appliquer au nez de Montaigne? Pour bénéficier ainsi d'un test de sélection, et reconnaître le bon lecteur, celui qui saura «déplumer» le facétieux écrivain? Les emprunts seraient-ils seulement ce maquillage sans lequel apparaîtrait la faiblesse de l'écrivain? Sera-t-on dupe, d'ailleurs, du critère proposé

pour «déplumer» l'essai? Croira-t-on, comme Montaigne le suggère,
que la force et beauté des propos doivent être le signe d'un emprunt,
dans la mesure où elles se distingueraient de la bassesse et frivolité
des propos de l'auteur?
    La séquence additive s'achève par une remarque qui appuie cette
suggestion:

> Car moi, qui, à faute de mémoire, demeure court tous les coups à les
> trier, par connaissance de nation, sais très bien sentir, à mesurer ma por-
> tée, que mon terroir n'est aucunement capable d'aucunes fleurs trop
> riches que j'y trouve semées, et que tous les fruits de mon cru ne les sau-
> raient payer. (408)

Sous la déclaration de modestie et de faiblesse, une double *excusatio propter infimitatem:* les défaillances de la mémoire, incapable
de retrouver la source, et les défauts du terroir, qui devront mettre
le lecteur sur la piste d'un emprunt lorsqu'il voit de trop belles
fleurs...
    Pourtant Montaigne n'est-il pas plus convaincant lorsqu'il
observe, comme en passant, que les diverses inventions d'autrui
sont transplantées en son solage, et confondues aux siennes dans le
travail de réécriture?[4] Au lieu de feindre faiblesse, nudité et pau-
vreté, ne serait-il pas plus légitime de revendiquer les droits de
l'écrivain à faire son miel avec les fleurs butinées par d'autres? Ne
serait-ce pas la seule réponse à apporter aux maniaques des sources
et des influences, qui traquent l'emprunt sans interroger les opéra-
tions de transformation? C'est d'ailleurs ce que Montaigne suggère
ailleurs, à demi mots...
    Une séquence du chapitre *De l'institution des enfants* applique
en effet à l'élève une règle d'apprentissage fondée sur l'appropriation du savoir:

> Et qu'il oublie hardiment, s'il veut, d'où il les / *les préceptes* / tient, mais
> qu'il se les sache approprier. La vérité et la raison sont communes à cha-
> cun, et ne sont plus à qui les a dites premièrement, qu'à qui les dit après.
> (I.XXVI. 152)

Comment ne pas penser que ce qui est dit ici de l'enseignement
de la philosophie morale s'applique également au travail de l'écriture? La comparaison qui illustre le propos nous y invite:

> Les abeilles pillotent deçà delà les fleurs, mais elles font après le miel,
> qui est tout leur; ce n'est plus thym ni marjolaine: ainsi les pièces

---

[4] Sur le travail d'appropriation des textes, voir J. Starobinski, *Montaigne en mou-
    vement*, Gallimard, 1982, p. 132-148.

empruntées d'autrui, il les transformera et confondra, pour en faire un ouvrage tout sien: à savoir son jugement.

Les images antithétiques illustrant la formation du jugement du disciple, transformant *les pièces empruntées* en un *ouvrage tout sien*, perdent leur statut métaphorique, dès lors qu'il s'agit du miel que font les *Essais* avec les fleurs des bons auteurs[5]... On est alors conduit à s'interroger sur le sens de la séquence: sous le programme pédagogique élaboré pour l'enfant de bonne maison, Montaigne ne cache-t-il pas une plaidoirie *pro domo* en faveur de l'effacement des emprunts? Dans l'argumentation en faveur du céler, «Qu'il cèle tout ce de quoi il a été secouru, et ne produise que ce qu'il en a fait» (*ibid.*), une fois encore la justification d'ordre éthique, énoncée sous forme sentencieuse, vient au secours d'une esthétique de l'emprunt non déclaré, mais transformé. Lorsque l'écrivain a bien placé la balle, comme le dira Pascal, lui-même fort habile en cet art:

> Quand on joue à la paume c'est une même balle dont joue l'un et l'autre, mais l'un la place mieux[6],

la balle lui appartient même si un autre joueur la lui a passée, puisque c'est lui qui marque le but. Quand l'auteur des *Pensées* déclare: «Ce n'est pas dans Montaigne, mais dans moi que je trouve tout ce que j'y vois»[7], il fait d'ailleurs écho précisément à Montaigne: «Ce n'est non plus selon Platon que selon moi, puisque lui et moi l'entendons et voyons de même.» (I. XXVI.152, add.C).

Voici un cas exemplaire où Montaigne a su mettre en place marchande ses emprunts, sachant placer la balle, comme dit Pascal:

> Ainsi quant et l'être un, change aussi l'être simplement, *devenant toujours autre d'un autre* (II. XII. 603)

Superbe formule! Elle est sienne, sans aucun doute, et pourtant elle se borne à calquer fort exactement Plutarque[8] méditant sur l'identité problématique du sujet *genomenos heteros ex heterou*, dans son traité *Sur l'E de Delphes* (18.E).

---

5 Voir H. Friedrich, *Montaigne*, Gallimard, 1968, p. 48.
6 Pascal, *Pensées*, texte établi par L. Lafuma, Ed. du Seuil, 1962, fragm. 696 p. 300. Voir sur ce point T. Cave, *Pré-histoires. textes troublés au seuil de la modernité*, Droz, 1999, p. 121-127.
7 *Ibid.* 689 p. 298.
8 Ou plutôt Plutarque-Amyot, Plutarque traduit par Amyot, *Que signifioit ce mot εἶ*, éd. cit., tome 19: «ains, quand et l'être tout un, change aussi l'être simplement, devenant toujours autre d'un autre», p. 53.

Ainsi le ludique cache l'éthique, comme l'éthique cache l'esthétique. La justification du masquage se fonde en réalité sur une théorie de l'écriture-réécriture, qui par son travail spécifique d'appropriation ne se borne pas à confondre les pièces empruntées avec les
pièces originales, mais témoigne de sa différence, de sa singularité,
de sa «façon» propre.

L'INTERTEXTE RHÉTORIQUE

Cette apologie en faveur de l'effacement des traces pose encore
au lecteur une autre question: à quoi bon déplumer les *Essais*
comme on nous y invite? Seulement pour faire montre d'érudition
et de clairvoyance critique? Mais à ce petit jeu, que gagnera-t-on?
Rien sans doute s'il s'agit seulement de mettre en évidence un texte
caché sous le texte; mais un modeste gain si cette découverte permet
de mettre en évidence le travail de l'écriture, l'opération de transformation.

Pour apprécier l'importance des marques et des masques, l'intertexte rhétorique des *Essais* offre un site d'observation privilégié:
on y voit d'un côté une critique de la rhétorique, accompagnant la
critique de l'art et de l'artifice, selon un topos bien présent dans la
littérature de la Renaissance[9], mais aussi un usage rhétorique du discours séducteur; de l'autre, des emprunts au corpus rhétoricien,
tantôt explicites, tantôt dissimulés.

Le refus de la rhétorique[10] n'exclut pas la présence de la rhétorique, ou, en tout cas, du rhétorique. La critique fait d'ailleurs partie
de l'héritage rhétorique, comme le montre le *Dialogue des Orateurs*,
et certains dialogues de Platon, le *Gorgias* et le *Phèdre* notamment,
ont déterminé pour longtemps dans la culture européenne les élé-
ments constitutifs du topos anti-rhétorique, réglé par une série
d'oppositions codées. L'opposition du «mentir» et du «parler vrai»,
d'abord, reprise par exemple dans l'essai *De la vanité des paroles*:

> Ariston définit sagement la rhétorique: science à persuader le peuple;
> Socrate, Platon, art de tromper et de flatter... (I.LI. 305)

---

[9] On trouve traces de ce topos rhétorique anti-rhétorique en particulier dans la
littérature narrative de la Renaissance, dans le genre de la nouvelle, et précisément dans le prologue de *l'Heptaméron*, où l'on se propose d'exclure de la production des récits les gens de lettres, «de peur que la beauté de la rhétorique fît
tort en quelque partie à la vérité de l'histoire.»

[10] Voir Eva Kushner, «Des bribes pour un cheval échappé», in *Rhétorique de Montaigne*, Champion, 1985, p. 45-98.

L'opposition de l'artificiel et du naturel, ensuite, thématisée dans le *Gorgias*, où la rhétorique, un simple empirisme qui n'a pas le statut d'une science, est comparée à la cuisine, l'art d'assaisonner un plat naturellement fade: le récit emblématique du chapitre *De la vanité des paroles* met en scène un maître d'hôtel qui discourt de la science de gueule comme d'un point de théologie, en excellent orateur traitant de l'ordonnance d'un repas comme de celle d'une *oratio*, plaisant à la vue plus qu'au goût.

L'opposition, enfin, du beau (séduisant, attachant, les belles paroles), et du vrai/naturel non fardé: «ceux qui masquent et fardent les femmes, font moins de mal» que ceux qui corrompent «l'essence des choses» (I.LI.305). Selon Socrate, la rhétorique, ouvrière de persuasion qui vise la croyance et non le savoir, n'a pas besoin – et ne se soucie pas – de connaître la vérité des choses[11].

Si Montaigne déclare volontiers qu'il ne veut ni instruire ni former son lecteur:

Les autres forment l'homme; je le récite (III. II. 804),

nous proposant des essais «instruisables, non instruisants» (I.LVI.323), s'il récuse les rôles du conseilleur et de l'obligateur, il joue au moins celui du séducteur, rôle éminemment rhétorique, y compris dans sa variante négative, dans le refus affiché de séduire et de plaire. Le malveillant Pasquier a bien vu la duplicité du séducteur: «Par ses écrits, il prenait plaisir de déplaire plaisamment.»[12] Ou il prenait plaisir de plaire déplaisamment. Le désinvolte avis *Au lecteur* où se déclare insolemment le mépris de la faveur du monde n'est-il pas encore exercice de *captatio*, piège pour le candide lecteur, et demande oblique d'amour?

Mais il faut aussi mesurer l'apport de la rhétorique, non seulement à la rhétorique, mais à la poétique des *Essais*; et évaluer l'importance de quelques grands textes rhétoriques, non seulement dans la réflexion éthique et politique, mais dans l'esthétique de l'essai.

Que les grands traités rhétoriques (ou portant sur la rhétorique) soient présents dans les *Essais* ne peut surprendre: Cicéron, Quintilien, Tacite, pour les latins, mais aussi, par le medium des traductions en latin ou en français, Aristote et Platon (le premier, il est vrai, plus présent par l'*Ethique à Nicomaque* que par la *Rhétorique* ou la *Poétique*, le second surtout, semble-t-il, par *Gorgias*, *Phèdre*, et *Ion*). Le *Traité du Sublime* du pseudo-Longin, qui arrache la poétique à

---

[11] Platon, *Gorgias*, 459 b.
[12] E. Pasquier, Lettre à M. de Pelgé, éd. cit., p. 1207.

la rhétorique, semble bien aussi avoir laissé quelques traces dans la réflexion de Montaigne sur «la bonne, la divine, l'excessive» poésie, qui «ravit et ravage» le jugement, et a «la splendeur de l'éclair»[13]. La question posée est d'abord celle des modalités de cette présence, plus ou moins masquée, et du statut du fragment convoqué[14]. Ici, par exemple, Montaigne allègue explicitement Quintilien:

> Quintilien dit avoir vu des comédiens.... (III.IV. 838)[15]

Ici encore, le texte de Quintilien est cité exactement, ou à peu près exactement, mais sans indication du nom de l'auteur:

> *Pectus est quod disertum facit* (III.V.873)[16],

Là un texte est allégué avec une mention vague de la source, ou seulement la mention de l'auteur, sans indication du lieu:

> Messala se plaint en Tacitus de quelques accoutrements étroits de son temps, et de la façon des bancs où les orateurs avaient à parler... (II.XVII.638)[17].

Le plus souvent le texte-source est réécrit sans allusion à l'origine:

> Quoi des mains? Nous requérons, nous promettons, appelons, congédions... (II.XII.454)[18].

Comme tout autre intertexte, l'intertexte rhétorique est à la fois marqué et masqué, et la référence est le plus souvent allusive: imagine-t-on ce que serait une lecture des *Essais* sans les notes de P. Villey? Montaigne fait *comme si*, comme s'il suffisait de citer telle formule pour que le diligent lecteur reconnaisse aussitôt l'emprunt et sa source; comme si l'allégation faisait référence à un savoir com-

---

[13] «Du jeune Caton», I. XXXVII, p. 231-2. Sur la présence de Longin dans la poétique des *Essais*, je renvoie à mon livre, *Montaigne. L'écriture de l'essai*, PUF, 1988; voir aussi D. Coleman, «Montaigne and Longinus», *B.H.R.* XLVII n° 2, 1985 (p. 405-413), J.L. Logan, «Montaigne et Longin: une nouvelle hypothèse», *R.H.L.F.* n°3,1983 (p. 361-67), et M. Magnien, «Montaigne et le Sublime», in *Montaigne et la rhétorique*, Champion, 1995 (p. 27-48).

[14] Voir F. Gray, *Montaigne bilingue. Le latin des Essais*, Champion, 1991, et ses excellentes analyses en ce qui concerne l'utilisation des citations des poètes latins.

[15] *Inst. Or.* VI. 2. 35.

[16] *Ibid.* X.7. 15: «*Pectus est enim quod disertos facit.*»

[17] Tacite, *Dialogue des Orateurs*, XXXIX.

[18] *Inst. Or.* XI. 3. 86: «*Manus vero /.../ vix dici potest quot motus habeant./.../ An non his poscimus pollicemur, vocamus, dimittimus, minamur, supplicamus, abominamur, timemus, interrogamus, negamus...*»

mun, utilisable par prélèvement sans autre forme de reconnaissance explicite; comme si se jouait un jeu de cache-cache, une citation exhibée en cachant une autre[19], destiné à taquiner le lecteur, à éprouver sa sagacité et son esprit critique.

En outre, ce n'est pas parce qu'un texte n'est ni cité ni allégué ni réécrit qu'il n'a pas été lu, médité, absorbé. Saint Augustin est présent dans les *Essais* à travers les multiples et divers emprunts à *La Cité de Dieu*; des *Confessions*, nulle mention: peut-on croire que ce livre n'est pas à l'horizon des *Essais*? Plutarque-Amyot, en revanche, est cité, allégué, commenté: à côté de nombreux emprunts non signalés, ici et là, une séquence d'une importance décisive, «prise presque textuellement de Plutarque», comme dit Villey, est insérée à la fin de l'*Apologie*, sans mention d'auteur ni d'origine[20]. Il en va de même, on s'en doute, avec l'intertexte rhétorique, dont la présence masquée est souvent l'indice d'une lecture/écriture qui peut révéler quelque surprise:

> Qu'on voie, en ce que j'emprunte, si j'ai su choisir de quoi rehausser mon propos. Car je fais dire aux autres ce que je ne puis si bien dire, tantôt par faiblesse de mon langage, tantôt par faiblesse de mon sens. (II.X.408)

Voyons en effet comment il s'approprie des textes[21] en transplantant en son solage et en confondant aux siennes «raisons et inventions» d'autrui. Et surtout comment, en bon jardinier, il fait fructifier la semence.

LE *DIALOGUE DES ORATEURS* DANS LES *ESSAIS*

On sait l'admiration de Montaigne historien de sa vie pour le Tacite historien des Vies (des empereurs):

> Je viens de courre d'un fil l'histoire de Tacitus/.../ Je ne sache point d'auteur qui mêle à un registre public tant de considération des mœurs et inclinations particulières.... (III.VIII. 940)

---

[19] C'est par exemple le cas dans la séquence de commentaire de *Sur des vers de Virgile*, où, après la citation en latin de Quintilien, Montaigne calque en français une formule du même, la confondant avec les siennes.

[20] C'est la séquence qui commence par «Nous n'avons aucune communication à l'être... «(II. XII. 601), prise en effet chez Plutarque, *Traité de l'E de Delphes*, dans la trad. d'Amyot *Que signifioit ce mot εἰ,* (éd. cit., tome 19, p. 51 et suiv.); voir ci-dessus note 8.

[21] Voir, outre les ouvrages de H. Friedrich et J. Starobinski cités ci-dessus, F. Gray, *Montaigne bilingue*, en part. chapitres III (p. 39 et suiv.) et IV (p. 77-98).

Et on connaît aussi les réserves qu'il est amené à formuler: que Tacite ait privilégié le genre de *l'histoire* au détriment de celui de *la Vie* (selon la distinction d'Amyot), qu'il ait accordé au récit événementiel plus d'importance qu'à la méditation éthique et à l'analyse psychologique des cruautés:

> /C/ Et me semble le rebours de ce qu'il lui semble à lui, que, ayant spécialement à suivre les vies des Empereurs de son temps, si diverses et extrêmes en toute sorte de formes, tant de notables actions que nommément leur cruauté produisit en leurs sujets, il avait une matière plus forte et attirante à discourir et à narrer que s'il eût à dire des batailles et agitations universelles: si que souvent je le trouve stérile, courant par dessus ces belles morts comme s'il craignait nous fâcher de leur multitude et longueur.

Et qu'il n'ait point osé «parler rondement de soi»:

> Cela m'a semblé aussi un peu lâche, qu'ayant eu à dire qu'il avait exercé certain honorable magistrat à Rome, il s'aille excusant que ce n'est point par ostentation qu'il l'a dit. Ce trait me semble bas de poil pour une âme de sa sorte. Car le n'oser parler rondement de soi a quelque faute de cœur. *(ibid.* 942).

Dans ces critiques se lit surtout leur envers, la défense du projet singulier, et la justification d'un nouveau genre littéraire.

C'est un autre Tacite qui nous arrêtera ici, l'auteur du *Dialogue des Orateurs.* Selon Villey, on compte trois références à cet ouvrage, deux explicites (I.XXVI.170, et II.XXVII. 638), et une implicite (une citation légèrement inexacte en II.X.415)[22]. Claude Blum a bien noté cette influence du *Dialogue,* soulignant par exemple que le désenchantement de Montaigne rencontrait celui de Maternus sur le chapitre de la retraite prématurée[23]. A ces divers renvois s'ajoute peut-être une réminiscence: la réflexion sur les «discours fortuites» dans *Sur des vers de Virgile* peut faire écho à une formule d'Aper dans le *Dialogue,* opposant la poésie à l'éloquence, et le caractère prémédité du discours poétique de Maternus au vif mouvement d'une parole imprémédité et soudaine (*impetus fortuitae et subitae dictionis*) propre à l'orateur, mais elle renvoie plus probablement à *l'Institution Oratoire.*

---

[22] «comme Afer montre bien clairement chez Tacitus...» (I.XXVI. 170)> *Dial. des Or.* XIX (Aper, et non Afer, prend la défense des modernes); «Massala se plaint en Tacitus...» (II. XXVII. 638) > *Dial.* XXXIX; une éloquence «fractam et elumbem» (II. X. 415)> *Dial.* XVIII. 5 (rappel de la critique adressée par Brutus à Cicéron, qui serait «fractum et elumbem», sans force et sans nerf; *elumbis,* sans reins, sans vigueur: métaphore à connotation sexuelle).

[23] Claude Blum, «Conclusions», in *Rhétorique de Montaigne, op. cit.,* p. 206.

Voici en tout cas quelques rencontres[24] ... La première porte sur une analogie entre les esprits et les terres, l'*ingenium* (l'esprit, le talent, les dons innés) et le champ:

> Montaigne: Comme nous voyons des terres oisives, si elles sont grasses et fertiles, foisonner en cent mille sortes d'herbes sauvages et inutiles, et que, pour les tenir en office, il les faut assujettir et employer à certaines semences, pour notre service;/.../ ainsi en est-il des esprits. (I. VIII.32)
>
> Tacite: *Nam in ingenio quoque, sicut in agro, quamquam utiliora serantur atque laborentur, gratiora tamen quae sua sponte nascuntur.* (VI.6) / Car dans l'esprit aussi, comme dans un champ, quoiqu'on plante et cultive les semences plus utiles, ce sont cependant les productions spontanées qui sont les plus agréables.

La deuxième sur une comparaison entre l'organisation du discours et le corps:

> Montaigne: Je n'aime point de tissure où les liaisons et les coutures paraissent, tout ainsi qu'en un beau corps, il ne faut qu'on y puisse compter les os et les veines. (I.XXVI. 172)
>
> Tacite: *Oratio autem, sicut corpus hominis, ea demum pulchra est, in qua non eminent venae nec ossa numerantur, sed temperatus ac bonus sanguis implet membra et exsurgit toris ipsosque nervos rubor tegit et decor commendat.* (XXI.8)/ Or le discours, comme le corps humain, n'est beau que dans la mesure où les veines ne saillent pas, où les os ne se peuvent compter, mais où un sang bien tempéré et de bonne qualité emplit les membres et recouvre les muscles, où le pourpre cache les nerfs mêmes et où la beauté les met en valeur.

La troisième sur la relation de similitude entre la vive éloquence florissant en temps de guerres civiles et un champ non cultivé:

> Montaigne: L'éloquence a fleuri le plus à Rome, lorsque les affaires ont été en plus mauvais état, et que l'orage des guerres civiles les agitait: comme un champ libre et indompté porte les herbes plus gaillardes. (I.LI. 306)
>
> Tacite: *Nostra quoque civitas,donec erravit, donec se partibus et dissentionibus et discordiis confecit/.../, tulit sine dubio valentiorem eloquentiam, sicut indomitus ager habet quasdam herbas laetiores.* (XL.4) /

---

[24] Villey ne les compte pas dans la liste des emprunts; pour la première séquence, il renvoie seulement aux *Diverses Leçons* de Messie; pour la deuxième à l'introduction de *L'Institution Oratoire* de Quintilien (I. 24: les arts rhétoriques anciens, trop nus / *artes nudae*/, boivent tout le suc du talent oratoire, mettent à nu les os, qui ne sont plus recouverts par les nerfs), mais l'image du beau corps, où on ne doit pas pouvoir compter les os et les veines, renvoie à Tacite, non à Quintilien); il ne donne aucune référence pour la troisième. La traduction est mienne.

> Notre cité aussi, aussi longtemps qu'elle erra, qu'elle s'offrit en proie aux partis, aux dissensions et aux discordes, (...), montra sans aucun doute une éloquence de plus grande valeur, tout comme un champ indompté / *non cultivé* / porte des herbes plus gaillardes / *plus riches, plus fertiles* /.

Trois emprunts diversement réutilisés: le premier vient à l'appui d'une méditation d'ordre éthique sur les dangers de l'oisiveté et les charmes dangereux de la retraite pour un esprit désormais non embesogné; le deuxième s'insère dans une réflexion sur le «parler» des *Essais* et leur style; le troisième illustre la critique de la rhétorique, «outil inventé pour manier et agiter une tourbe et une commune déréglée», qui «ne s'emploie qu'aux états malades» (I.LI.305).

Chaque fois, alors que le texte de Tacite pouvait être convoqué en qualité de témoin ou de garant, l'absence de référence explicite interdit l'usage de la citation en guise de caution. Loin de faire dire ici à autrui ce qu'il ne peut ou ne veut pas dire, Montaigne choisit de dire avec les mots d'un autre ce qu'il a à dire en son propre nom. Le texte convoqué a d'ailleurs plutôt le statut d'un modèle d'écriture; on remarquera qu'une même figure de similitude soutient les trois séquences réécrites:

> *sicut* in agro
>
> *sicut* corpus hominis
>
> *sicut* indomitus ager,

et que celle-ci établit une relation entre l'esprit, le texte, ou l'état de la cité, la «police», et un champ ou un corps; la métaphore organiste ou organiciste est bien ce qui semble avoir retenu l'attention de celui qui use si volontiers de la métaphore corporelle pour penser les rapports de l'homme et du monde ou de la société civile. L'imaginaire biologique, actif dans la littérature latine classique, permet de représenter l'*ingenium*, la tissure/texture, la société, *comme* des cas particuliers d'un phénomène général, la vie organique. Justifiant ainsi l'oisiveté, l'écriture enchaînée, ou la défiance à l'égard des belles paroles.

Le *Dialogue des Orateurs* a été non seulement lu dans sa dimension théorique, mais aussi démembré à l'occasion et déplumé, soit pour étayer la réflexion politique, et la critique de la rhétorique, soit pour appuyer la méditation sur l'écriture-corps et justifier le refus de couture et de liaison, soit encore pour ensemencer une méditation sur l'oisiveté pourvoyeuse de songes, ou sur le charme des discours fortuites: bref il a apporté quelque chose à la poétique de l'essai, et à la réflexion sur cette poétique. Car le choix des *gratiora inutilia* fonde l'écriture de l'essai, qui a pour ambition de transformer l'inutile, le contingent, l'incident, «ce qui pourrait advenir», le «fantastique» (le produit d'une imagination en liberté), en une «matière» profitable, en un «corps solide appelé à durer». Montaigne métamorphose ainsi le texte de Tacite en un texte tout autre, mais qui trouve en lui de quoi nourrir une méditation sur ces herbes sauvages plus gaillardes, proliférant sur le sol d'une oisiveté pourvoyeuse de songes.

L'INSTITUTION ORATOIRE DANS LES ESSAIS

C'est encore dans la perspective d'un apport à la poétique que l'on peut envisager la lecture/écriture de l'*Institution Oratoire*.

Diverses modalités marquent la présence du texte: la mention du nom de l'auteur, les citations en latin (sans référence à l'auteur ni à l'œuvre), des références implicites, réécritures, paraphrases, calques.

Le nom de Quintilien n'apparaît en clair que deux fois, dans des additions postérieures à 1588, à l'appui d'une réflexion sur les dangers d'une éducation trop sévère, ou sur l'emprise de l'émotion feinte sur l'acteur[25].

Cependant Villey relève[26] une douzaine de citations dans les additions postérieures à 1588, des citations-cautions empruntées à Quintilien (sans indication d'auteur ni de lieu), l'une aux *Declamationes*, les autres aux divers livres de *L'Institution Oratoire*. Il vaut la peine de les regarder dans le détail[27].

Deux citations renvoient au livre I de l'*I.O.* (12.11 et 12.8):

(1) *minus afficit sensus fatigatio quam cogitatio* (III. XII. 1051)

(2) *Dedit / enim / hoc providentia hominibus munus, ut honesta magis juvarent* (II. XVI. 624)

Une au livre II (17.27):

(3) *Imperiti enim judicant, et qui frequenter in hoc ipsum fallendi sunt, ne errent* (III. X. 1006)

Une au livre V (12.19):

(4) *Nec tam aversa unquam videbitur ab opere suo providentia, ut debilitas inter optima inventa sit.* (III. II. 815)

Une au livre VIII (3.30):

(5) *aut qui non verba rebus aptant / aptabit /, sed res extrinsecus arcessunt / arcesset/, quibus / haec/ verba conveniant.* (I. XXVI. 171)

Trois au livre X (3.16; 7.15; 7.24):

(6) *Difficultatem facit doctrina* (III. XIII. 1067).

(7) *Pectus est quod disertum / disertos / facit.* (III. V. 873)

(8) *Rarum est enim ut satis se quisque vereatur.* (I. XXXIX. 242)

---

[25] *Essais* I.XXVI. 166/ *Inst. Or.* I.3; et III.V. 838/ *Inst. Or.* VI.2.

[26] Dans son Index, éd.cit., p. 1372.

[27] Entre crochets les mots supprimés, ajoutés (*vox*), ou corrigés par Montaigne.

Deux au livre XI (1.33; 3.40):

> (9) *Simpliciora militare decent.* (III.IX. 963).
>
> (10) *Est / enim / quaedam / vox / ad auditum accommodata, non magnitudine, sed proprietate.* (III. XIII.1088)

Une enfin au livre XII (11.12):

> (11) *Brevis est institutio vitae honestae beataeque, si credas.* (II. XII. 442)

Ces citations sont exactes pour six d'entre elles, à peu près exactes pour les cinq autres[28]. Deux citations exactes, *Difficultatem facit doctrina* (n° 6) et *Brevis est institutio/.../ si credas* (n° 11), sont détournées peu ou prou de leur contexte: la première vient appuyer la critique des vaines subtilités des sciences, tandis que chez Quintilien la formule s'inscrit dans un débat sur l'importance respective, chez l'orateur, de la nature et de la culture, à l'avantage de la nature; la deuxième ponctue une réflexion sur la force de la croyance:

> Si nous avions une goutte de foi, nous remuerions les montagnes de leur place, dit la sainte parole,

alors que Quintilien insiste sur l'importance de la volonté dans l'acquisition de l'honnêteté, et sur la nécessité de faire confiance (*credere*) à la nature, qui rend facile l'apprentissage. On remarquera aussi que les citations sont soit des sentences (nos 1, 6, 7, 9, 11), ou des quasi-sentences (sur la providence, nos 2 et 4), soit des réflexions plus précises sur le métier d'orateur (nos 3, 5, 9, 10) auxquelles Montaigne accorde une portée plus générale. Dans tous les cas, la citation joue le rôle d'une ponctuation du discours, et le latin, la langue noble, lui confère une espèce d'autorité.

Mais à côté des citations explicites, ou des allusions assez précises qu'a relevées Villey, reste encore à repérer bien d'autres rencontres entre Montaigne et Quintilien, car le texte des essais cache un palimpseste soigneusement occulté. Une citation non marquée doit en particulier retenir l'attention[29].

La séquence de commentaire de la poésie dans le chapitre *Sur des vers de Virgile*, où Montaigne marie les mots de Virgile et ceux de Lucrèce:

---

[28] Citations exactes: nos 1, 2, 4, 6, 8, 11; légères modifications: un indicatif *(sunt)* au lieu d'un subjonctif (n° 3); un singulier *(disertum, militare)* au lieu d'un pluriel (nos 7 et 9); addition d'un mot *(vox)* pris dans le contexte immédiat (n°10); modification de l'organisation syntaxique, sans altération du sens (n° 5).

[29] Pour une analyse plus détaillée, je renvoie à mon article «Dire, signifier. La figure de *significatio* dans les *Essais*», in *Montaigne Studies*, ed. R. Cottrell, vol. III.1-2, 1991, p. 68-81.

> Quand je rumine ce *rejicit, pascit, inhians, molli, fovet, medullas, labe-*
> *facta, pendet, percurrit,* et cette noble *circumfusa,* mère du gentil *infu-*
> *sus,* j'ai dédain de ces menues pointes et allusions verbales qui naquirent
> depuis... (III.V. 872-873),

porte trois additions postérieures à 1588, deux citations, l'une de
Sénèque, «*Contextus totus virilis est; non circa flosculos occupati*»,
l'autre de Quintilien, «*Pectus est quod disertum facit*»[30], et une
superbe formule de clôture:

> / C/ Elles /*les paroles* / signifient plus qu'elles ne disent.

Celle-ci calque exactement la définition que Quintilien donne
d'une des deux formes de la figure de la *significatio*: *altera quae plus
significat quam dicit* (VIII.3.83), en écho à Cicéron: *et plus ad intelle-
gendum quam dixeris, significatio. (De Or.*III.202).

Cette réécriture-calque peut suggérer plusieurs réflexions. Il n'est
pas indifférent d'observer que Montaigne, tout en mettant la rhétorique en question et à la question, se soit attaché à arracher une
figure comme celle de la *significatio* à la seule rhétorique, pour la
rendre, non à la stylistique, mais à la poétique. Car cette réminiscence de l'*Institution oratoire* ne conduit pas à une réflexion sur
l'ornement, comme dans la section III du livre VIII de Quintilien,
mais à une méditation originale sur la significance, distincte de la
signification. Il est vrai que Quintilien incitait déjà à aller de la rhétorique à la poétique, car loin de se borner à examiner le statut et la
fonction de l'ornatus dans l'*elocutio,* il portait son attention du côté
de ces mots «quae plus significant quam elocuntur» (VIII.2. 11), et il
s'attachait brillamment à cette signification-emphasis qui «non ut
intellegatur efficit, sed ut *plus* intellegatur.» *(ibid.).*C'est à ce *plus* que
s'intéresse aussi Montaigne, à cette sémiôsis qui déborde la mimèsis.

En d'autres termes, Montaigne réussit ici un coup double. Lecteur diligent de Quintilien, il a su découvrir le poéticien caché sous
le professeur de rhétorique, et un poéticien assez subtil pour s'attacher à l'inconscient du discours: Quintilien, en effet, analysant la
figure de la *significatio* à travers deux citations de Virgile et d'Ovide,
montre comment les discours obliques de Didon et de Myrrha
démasquent l'inavoué inavouable, un Eros indicible; la *significatio*
est la figure qui dit l'inconscient du locuteur. Et Montaigne nourrit
son propre commentaire de la poésie de cet apport, et, au delà du

---

[30] Très légèrement modifiées: «Non *fuerunt* circa flosculos occupati; totus contextus *illorum* virilis est», Sénèque, *Lettres à Lucilius,* XXXIII «De sententiis philo-
sophorum»; «Pectus est quod *disertos* facit», Quintilien, *Inst. or.* X.VII. 15.

commentaire, sa propre poétique. Car l'essai porte trace de cette
méditation sur une signifiance qui va au delà de la seule signification: l'écrivain-poète a pour ambition de retrouver «certaine image
trouble qui /.../présente /à l'écrivain/ une meilleure forme que celle
/ qu'il a / mis(e) en besogne» (II.XVII, 637), ou encore il rêve de substituer aux paroles françaises «si exsangues, si décharnées et si vides
de matière et de sens» «une pièce haute, riche et élevée jusqu'aux
nues» (I.XXVI, 147), comme celles des anciens auteurs latins.

A côté des citations, bon nombre de références implicites à l'Institution Oratoire. Villey en note une dizaine[31]; quelques-unes sont
d'ailleurs des lieux-communs de la culture antique et de l'humanisme antiquisant, repris en guise d'illustrations: ainsi l'allusion au
peintre Timante, qui «peignit d'un couvert couvert» Agamemnon
déplorant la mort d'Iphigénie, «comme si nulle contenance ne pouvait représenter ce degré de deuil» (I.II. 12), ou l'anecdote savoureuse
qui ouvre le chapitre sur la force de la coutume:

> Celui me semble avoir très bien conçu la force de la coutume, qui pre-
> mier forgea ce conte, qu'une femme de village, ayant appris de caresser
> et porter entre ses bras un veau dès l'heure de sa naissance,/.../ gagna
> cela par l'accoutumance, que tout grand bœuf qu'il était, elle le portait
> encore. (I.XXIII. 108),

ou encore l'exemple fameux de Phryné qui gagna sa cause en
ouvrant sa robe devant les juges (III. XII.1058)[32]. Mais d'autres, qui
peuvent combiner un souvenir de Tacite et un souvenir de Quintilien, nourrissent davantage la réflexion sur l'écriture. La comparaison entre le corps et le texte qui reprend, comme on l'a vu, le Dialogue des orateurs, peut être aussi un souvenir de Quintilien, et de
ses nombreuses métaphores corporelles:

> Nam plerumque nudae illae artes /.../ ossa detegunt, quae, ut esse et
> adstringi nervis suis debent, sic corpore operienda sunt (I. Prohoemium,
> 24). / Car en général ces traités-là, nus, découvrent les os qui, comme ils
> doivent être, et servir d'appui aux nerfs, doivent aussi être recouverts
> par la chair[33].

> Ita / argumenta / et firmiora erunt ipsa et plus habebunt decoris, si non
> nudos et velut carne spoliatos artus ostenderint. (V. 12. 6) /Ainsi les argu-
> ments seront plus forts d'eux-mêmes et auront davantage de séduction,

---

[31] Dans son «Aperçu sommaire des Sources et Annotations diverses», éd. cit.,
p. 1223-1333.
[32] Cf Inst. Or., respectivement II. 13, I.9, et II.15.
[33] Comme l'observe J. Cousin dans son édition de l'Inst. Or., les ossa désignent
l'ossature, les nervi les connexions, le corpus le revêtement de chair.

s'ils ne présentent pas des membres tout nus, et, pour ainsi dire, dépouillés de leur chair.

Nourri de la lecture des poètes latins, dont il admire la vigueur, espérant donner à la «façon» des essais un langage «tout plein et gros d'une vigueur naturelle et constante» (III.V. 873), Montaigne élabore son style idéal, l'idéal du style, en empruntant aussi aux rhétoriciens les images du corps, souvent à connotation sexuelle, qui soutiennent la représentation d'une écriture vive, d'une écriture physique, nerveuse et solide, où insiste la revendication de virilité: c'est ainsi par exemple qu'il cite la critique rapportée dans le *Dialogue des Orateurs*, adressée par Brutus à Cicéron, qui serait «fractum et elumbem», sans force et sans nerf, ou reprend chez Sénèque l'image d'un «contextus totus virilis».

La réflexion sur les discours fortuites et l'improvisation rappelle aussi le livre X de l'*Institution oratoire*, auquel Montaigne a prêté une attention particulière; l'apprentissage de l'improvisation, de la composition d'écrits «quae subito effusa sint» (X.7.7), l'éloge mesuré du «fortuiti sermonis» (X.7.13), ont ensemencé la méditation de Montaigne sur une écriture oralisée, qui vienne comme spontanément par «effusion», et sur les charmes des «discours fortuites». Il a aussi prêté attention à la réflexion sur le refroidissement qu'apporte le «différé» de l'écriture aux émotions profondes et aux images fraîches que le discours improvisé permet de porter d'un élan continu:

> *Nam bene concepti adfectus et recentes rerum imagines continuo impetu feruntur, quae nonnumquam mora stili refrigescunt et dilatae non revertuntur.* (X. VII. 13) / En effet les passions bien senties et les images récentes des choses sont rapportées d'un élan continu / dans l'improvisation /, alors que parfois elles se refroidissent à cause du retard de l'écriture, et que, différées, elles ne reviennent pas.

Voilà qui a sans doute ensemencé la belle séquence de *Sur des vers de Virgile*:

> Aussi de ces discours fortuites qui me tombent en fantaisie, il ne m'en reste en mémoire qu'une vaine image, autant seulement qu'il m'en faut pour me faire ronger et dépiter après leur quête, inutilement. (III. V. 876).

Au *non revertuntur* fait écho le mot-clausule de la séquence, *inutilement:* il ne s'agit évidemment ici ni d'une paraphrase, ni d'une réécriture, mais d'une heureuse rencontre avec «l'air» d'un autre.

De même, la réflexion sur le style roide et viril des poètes latins dans le même chapitre, sur l'éloquence nerveuse et solide, sur les paroles de chair et d'os, rencontre celle de Quintilien sur l'éloquence virile, opposée à l'expression efféminée qu'il compare crûment à un

eunuque; s'en prenant vigoureusement à ces plaidoiries qui manquent de nerf (*nervis carent*), à ces orateurs qui considèrent les attri-
buts virils (la force physique, les muscles, la barbe) comme peu
séduisants, et qui rejettent ou qui voilent la mâle vigueur, leur préférant l'apparence efféminée de l'eunuque (V. 12. 18-19), il plaide en ce
mâle discours en faveur du discours mâle:

> *Quapropter eloquentiam /.../ nullam esse existimabo, quae ne minimum*
> *quidem in se indicium masculi et incorrupti /.../ viri ostendet.* (V. 12.
> 20)./ C'est pourquoi je considèrerai comme nulle une éloquence qui ne
> montre même pas le moindre signe qui puisse révéler un mâle sans
> défaut.

L'idéal du style, d'un style roide comme les propos, gaillard comme l'imagination qui le produit, d'un style vif comme l'épigramme,
«non la queue seulement, mais la tête, l'estomac et les pieds», bref
d'un style viril, loin des «menues pointes et allusions verbales», sans
rien d'efféminé, doit quelque chose à de telles analyses où insiste la
connotation sexuelle; se désolant de la mollesse du langage «Perigor-
din», «brode, traînant, éfoiré», Montaigne, nouveau Quintilien, loue
le langage qu'on parle «bien au-dessus de nous, vers les montagnes»:

> un Gascon, que je trouve singulièrement beau, sec, bref, signifiant, et à
> la vérité un langage mâle et militaire plus qu'autre que j'entende; /C/
> autant nerveux, puissant et pertinent, comme le Français est gracieux,
> délicat et abondant. (II. XVII. 639)[34]

Il resterait beaucoup de terres à défricher pour mettre au jour le
palimpseste des *Essais*. Découvrir un Tacite caché dans l'essai *De
l'oisiveté*, un Quintilien s'avançant masqué dans l'essai *Sur des vers
de Virgile*: le seul intérêt du déplumage consiste sans doute à montrer la diversité des stratégies et des enjeux, et la manière dont un
écrivain «digère» des textes pour se les approprier.

Car le repérage des sources n'est guère en soi un geste enrichis-
sant, si l'on n'en tire profit pour mettre en lumière la polygenèse du
texte, sans sous-estimer son auto-genèse. Et pour s'intéresser au
«travail» de la citation. Pour voir à la fois comment elle est «tra-
vaillée (torturée) par» la réécriture, qui, la métamorphosant, l'absorbe sans résorber sa différence; et comment elle travaille elle-
même la terre du texte en l'ensemençant et en se disséminant pour
lui faire porter de nouveaux fruits. *Si le grain ne meurt...* Un portrait

---

[34] Voir A. Thibaudet, *Montaigne,* texte établi et présenté par F. Gray, Gallimard,
1963, p. 494.

de l'artiste en jardinier – la métaphore agricole prolifère librement tant chez Tacite ou Quintilien que chez Montaigne – se dessine ainsi par petites touches.Un jardinier qui cultive son solage en transplantant, greffant et arrosant, un jardinier qui ne craint pas d'envahir les terres d'un voisin ou d'un parent (même éloigné) pour les coloniser, et se les approprier par une culture sauvage.

Voici du reste un geste décisif: la rhétorique, jadis empire totalitaire annexant dans son domaine pluridisciplinaire une petite colonie appelée poétique, pour lui imposer sa loi et sa langue, devient progressivement, dans son démantèlement, que déplorait déjà Tacite, un territoire de l'ancienne colonie émancipée.C'est précisément lorsqu'elle perd son autonomie pour se soumettre à un nouveau maître que la rhétorique gagne de pouvoir nous dire encore quelque chose de l'énonciation et de ses modalités, de la voix et de ses accents, du discours et de son inconscient, du corps et de son éloquence, de l'écriture et de son travail. Montaigne l'a bien compris, qui, lecteur furtif de Tacite et de Quintilien, détourne la rhétorique de son propos avoué pour lui dérober, sans en avoir l'air, son air.

CONCLUSION

MENTIR VRAI

Dans ce parcours on a voulu considérer un aspect de la poétique des *Essais*, le choix du dire à demi, du dire oblique. La dissimulation, l'omission, le déguisement (des motifs) ressortissent certes, tout comme l'apparente désinvolture, le geste impertinent de dévalorisation, ou comme la figure de feinte modestie, l'*excusatio propter infirmitatem*, à une rhétorique retorse qui est l'arme privilégiée du séducteur. Mais il faut bien en même temps prendre en compte cette «obligation particulière» dont le scripteur fait état sans en expliciter les différents motifs, et qui le conduit aussi à dire confusément, à dire discordamment. Pour des raisons toutes personnelles, afin de préserver sa part de secret, afin d'éviter cette «perte», ce déficit qu'enregistre, comme le récit de rêve[1], le récit de vie, les «mémoires» d'un particulier:

> Mais quand tout est conté /compté/[2], on ne parle jamais de soi sans perte. (III.XII. 992)

Mais également pour des raisons d'ordre épistémologique, dans la mesure où le mélange et la confusion, la discordance et la contradiction, ces traits d'une poétique marquée décisivement par l'embrouillure, renvoient à une anthropologie fondée sur le rationalisme sceptique: de l'homme et de l'humaine condition, du sujet qui la porte en soi entière, l'essayiste, mettant au jour le caractère confus (mélangé), contradictoire (double), tente toujours de donner une image aussi exacte que possible, en usant d'une parole elle-même confuse et discordante. Et encore pour des raisons d'ordre esthétique, car l'écrivain qui choisit d'arrêter par l'embrouillure l'attention d'un

---

[1]   Voir J. B. Pontalis, «La pénétration du rêve», in *L'espace du rêve, Nouvelle Revue de Psychanalyse*, printemps 1972, p. 257.

[2]   L'orthographe du XVIᵉ siècle ne distingue pas nécessairement *compte* et *conte*, *compter* et *conter*: heureuse indifférenciation! Ici il faut tenir... compte des deux sens: quand tout est *conté*, quand le récit de vie, les mémoires, s'achèvent; quand tout est *compté*, quand on fait le bilan de cette expérience, qu'on calcule gains et pertes.

lecteur souhaité diligent, sait le charme et le pouvoir de suggestion d'un discours qui, comme celui des Sibylles, dit à demi, dit oblique-ment, de biais:

> car il y a tant de moyens d'interprétation qu'il est malaisé que, de biais ou de droit fil, un esprit ingénieux ne rencontre en tout sujet quelque air qui lui serve à son point. (II.XII. 586)

Le «style nubileux et douteux» appelle une lecture active, une lecture enrichissante, une lecture ingénieuse; et, comme l'essayiste fait son miel des fleurs étrangères qu'il transplante en son solage, le lecteur qu'il espère attirer et séduire saura peut-être à son tour, éplu-chant «un peu ingénieusement» les histoires «qui ne disent mot», en produire «infinis Essais» (I.XL. 251). Au reste la lecture enrichissante, qui va «outre ce que l'auteur y avait mis», comme celle que prati-quait Plutarque, comme celle que pratique Montaigne:

> J'ai lu en Tite-Live cent choses que tel n'y a pas lues. Plutarque en y a lu cent, outre ce que j'y ai su lire, et, à l'aventure, *outre ce que l'auteur y avait mis*. (I. XXVI.156)

a chance d'enrichir aussi le texte lu:

> Que l'auteur puisse gagner cela d'attirer et embesogner à soi la postérité (ce que non seulement la suffisance, mais autant ou plus la faveur for-tuite de la matière peut gagner); qu'au demeurant il se présente, par bêtise ou par finesse, un peu obscurément et diversement[3]: il ne lui chaille! Nombre d'esprits, le belutant et secouant, en exprimeront quantité de formes, ou selon, ou à côté, ou au contraire de la sienne, qui lui feront toutes honneur. Il se verra enrichi des moyens de ses disciples, comme les régents du Lendit. (II. XII. 586)

L'essai appelle ainsi ces interprétations multiples, de biais ou de droit fil, que le parler obscur et divers (contradictoire) saura susci-ter, et son écriture interminable a l'ambition de s'ouvrir au com-mentaire interminable.

C'est un même argument, apparemment, qui justifie la dissimu-lation des références textuelles: Montaigne assure qu'elle est, de sa part, une forme de négligence, d'incurie, d'oubli, mais il espère qu'elle agira encore comme un stimulus, invitant le lecteur ingé-nieux à le «déplumer». Même s'il n'est pas convaincu par cette ingé-nieuse justification, le critique s'accommodera aisément de l'efface-ment des marques, en y voyant un trait caractéristique de l'écriture

---

[3]   *Diversement*: contradictoirement.

humaniste, exhibant certaines autorités, accumulant les citations, les références et les allégations, mais, d'un même geste, en omettant d'autres ou les déguisant[4]. Cependant la pratique de Montaigne est assez subtile pour qu'on tente de l'éclairer autrement. D'un côté la réécriture métamorphose l'emprunt pour le placer «en place marchande», effaçant ses traces en les confondant avec les siennes: c'est en particulier le cas de l'intertexte rhétorique, détourné de son contexte oratoire pour ensemencer la poétique de l'essai. Mais d'un autre côté quelques «oublis» ont paru plus étranges: le jeu avec l'intertexte masqué, celui de La Boétie, celui de saint Augustin, pour ne pas répondre exactement ici et là aux mêmes motivations, trahit en effet quelque évidente mauvaise foi, même si Montaigne avait de «bonnes raisons» d'oblitérer les références.

Bonne foi proclamée ici, mauvaise foi évidente çà et là: si parfois le critique semble jouer le rôle détestable du procureur, se plaisant à traquer d'une humeur policière les multiples indices de la ruse, de la tromperie délibérée, il devrait d'abord jouer celui du témoin, et d'un témoin si possible de bonne foi... Celui-ci attestera que la lecture des *Essais* lui offre à la fois un chiffre et la clé du déchiffrage, et que du reste rien n'est si communément partagé, parmi ceux qui écrivent leur vie et se livrent à une épineuse introspection, qu'un soupçon de mauvaise foi. Le témoin est-il d'ailleurs lui-même entièrement de bonne foi, lorsqu'il soumet un texte à son intention particulière, pratique certains prélèvements[5], impose telle ou telle grille interprétative?

Le critique revêtira alors bien volontiers la robe de l'avocat: la défense, après avoir entendu le réquisitoire, ne manquera de nuancer les reproches en faisant observer que *dire mensonge*, sinon *mentir*, répond parfois à une impérieuse nécessité. Et que, de surcroît, il peut se trouver quelque vérité dissimulée dans le mensonge. Si la parole explicite *n'est qu'*à moitié vraie, elle est *aussi* à moitié vraie; et cette part de vérité se dit obliquement dans le mensonge et dans la feinte, comme on a tenté de le montrer. La vérité n'a qu'un visage, dit Montaigne, tandis que le revers de la vérité a cent mille figures. Mais la vérité n'a-t-elle qu'un visage? Le philosophe sceptique en doute...

---

4   Voir *La farcissure. Intertextualités au XVIe siècle*, in *Littérature* n° 55, octobre 1984, et François Cornilliat et Gisèle Mathieu-Castellani, «Intertexte Phénix?», *ibid.* p. 5-9.
5   Voir sur ce point Jean-Yves Pouilloux, *Lire les «essais» de Montaigne*, Maspero, 1970.

Aussi est-il impossible de ne pas tenir compte dans la polyphonie des *Essais* des différents personnages qui parlent tour à tour et parfois simultanément. Montaigne d'ailleurs prend soin de nous en avertir:

> Voilà pourquoi, quand on juge d'une action particulière, il faut considérer plusieurs circonstances et l'homme tout entier qui l'a produite, avant la baptiser. (II.XI.427)

Les contradictions que l'on peut observer tiennent aussi aux «circonstances», à la diversité des points de vue, et à celle des stratégies discursives. Ici[6] il s'agira d'abord de se justifier allusivement, et de déguiser un argument propre à servir l'apologie *pro domo sua* en réflexion de portée générale sur «les affaires», sur les «maniements publics», sur les dangers de «l'embesognement»; là il faudra d'abord apporter quelque argument à l'appui de l'authenticité du témoignage et de la «vérité» de la parole; là encore l'auto-portraitiste s'effacera devant le philosophe qui s'efforce de concilier le scepticisme épistémologique et la confiance qu'il accorde à l'individu dans le domaine de la formation des mœurs, «notre office».

Cet «homme tout entier» que Montaigne nous invite à considérer avant d'apprécier son action, est lui-même multiple et contradictoire. Le moraliste déteste la dissimulation, le peintre du moi la condamne mais ne peut s'empêcher de la souhaiter, le philosophe sceptique tient que l'accès à la vérité et à l'essence des choses est interdit à l'homme, et il tente de s'en accommoder, le philosophe politique tient la dissimulation pour un mal, mais un mal souvent nécessaire: entre l'utile et l'honnête, si le moraliste choisit sans hésiter la beauté d'un action inutile ou dangereuse, le penseur politique doit bien convenir qu'il y a parfois un «profit de la mensonge»!

Il convient donc de distinguer le portrait d'un moi idéal, tout de franchise et de sincérité, de liberté et d'authenticité, et les compromis qu'acceptent non seulement le *moi* social au contact des rudes réalités, mais le *moi* intime, le *moi* écrit, sous le regard d'un *je* qui l'observe et scrute ses plis et replis labyrinthiques, et le *je* observateur devant ce *moi* qui le déconcerte, et qu'il lui arrive à l'occasion – il l'avoue volontiers – de ne pas «reconnaître» lorsqu'il relit son propre texte, ne sachant plus alors ce qu'il a «voulu dire».

Ce livre est en somme de bonne foi en ce qu'il accepte délibérément cette part de mauvaise foi qui habite tout individu. Chacun des

---

6   Dans le chapitre «De ménager sa volonté» (III. X), par exemple, où la critique de l'embesognement et de l'occupation sert aussi à justifier l'attitude du maire de Bordeaux, blâmé pour n'être pas rentré dans sa ville ravagée par la peste.

mensonges des *Essais* a sa part de vérité, car chacun dit quelque vérité de façon oblique comme l'oracle d'Apollon, et nous incite à partir en quête, sous les mots, de la signification, ou plutôt de la signifiance. Analysant la figure d'*emphasis/significatio*, Quintilien observait avec une admirable finesse ses deux formes :

> Ejus duae sunt species : altera quae plus significat quam dicit, altera quae etiam id quod non dicit. *(Institution oratoire,*VIII.3.83)

Rappelons-nous, en lisant les *Essais*, qu'il est en effet des paroles qui signifient plus qu'elles ne disent, et d'autres qui signifient même ce qu'elles ne disent pas.

TEXTES CRITIQUES SUR *LES ESSAIS* CITÉS

BLUM Claude, «Conclusions», in *Rhétorique de Montaigne*, Champion, 1985 (p. 203-207).

BUSSON Henri, *Le rationalisme dans la littérature française de la Renaissance (1533-1601)*, Vrin, 1927.

CAVE Terence, *Pré-histoires. Textes troublés au seuil de la modernité*, Droz, 1999.

COLEMAN Dorothy, «Montaigne and Longinus», *B.H.R.* XLVII n°2, 1985 (p. 405-13).

DELEGUE Yves, *Montaigne et la mauvaise foi. L'écriture de la vérité*, Droz, 1998.

FRIEDRICH Hugo, *Montaigne*, trad. fr. R. Rovini, Gallimard, 1968.

GRAY Floyd, *Montaigne bilingue: le latin des* Essais, Champion, 1991.

JEANNERET Michel, «L'écriture comme parole», in *The French Renaissance Mind, Esprit créateur*, XVI-4, 1976 (p. 78-94).

– *Perpetuum mobile. Métamorphoses des corps de Vinci à Montaigne*, Macula, 1999.

KRITZMAN Lawrence, *Destruction/ découverte. Fonctionnement de la rhétorique dans les Essais de Montaigne*, French Forum, Publishers, 1980.

KUSHNER Eva, «Des bribes pour un cheval échappé», in *Rhétorique de Montaigne*, Champion, 1985 (p. 45-98).

LOGAN John L., «Montaigne et Longin: une nouvelle hypothèse», *R.H.L.F.* n°3, 1983 (p. 361-7).

McKINLEY Mary B., *Les terrains vagues des* Essais, Champion, 1996.

MAGNIEN Michel, «Montaigne et le sublime», in *Montaigne et la Rhétorique*, Champion, 1995 (p. 27-48).

NAKAM Géralde, «Sur deux héros des *Essais*, Alcibiade, Julien l'Apostat», in Actes du IXᵉ Congrès de l'Association G. Budé (1973), Les Belles Lettres, tome II, 1975 (p. 651-70).

POUILLOUX Jean-Yves, *Lire les «essais» de Montaigne*, Maspero, 1970.

– «La forme maîtresse» in *Montaigne et la question de l'homme*, dir. M.L. Demonet, coll. Débats, PUF, 1999 (p. 33-45).

RIGOLOT François, *Les métamorphoses de Montaigne*, P.U.F., 1988.

STAROBINSKI Jean, *Montaigne en mouvement*, Gallimard, 1982.

STIERLE Karlheinz, «L'Histoire comme Exemple, l'Exemple comme Histoire», *Poétique* n°10, 1972 (p. 176-198).

THIBAUDET Albert, *Montaigne*, texte établi par F. Gray, Gallimard, 1963.

RÉFÉRENCE DES TEXTES DES *ESSAIS* CITÉS

(le chiffre romain indique la page dans ce volume)

INDEX DES NOMS

En italiques les noms des critiques.
Le chiffre arabe indique la page dans ce volume (et *n* une référence en note).

TABLE DES MATIÈRES

Mise en pages:
Nadine Casentieri, Genève

IMPRIME
RIE MEDE
CINE m+h
HYGIENE

décembre-2000